Jo-Jo

Sprachbuch **3**
Grundschule Bayern

Arbeitsheft

Vereinfachte Ausgangsschrift

Erarbeitet von

Olga Brinster, Gersthofen
Isabelle Lux, Obergriesbach

Unter Beratung von

Enno Hörsgen, Langerringen
Dr. Klaus Metzger, Gersthofen
Dr. Helga Rolletschek, Brunnthal
Prof. Dr. Angelika Speck-Hamdan,
München

Cornelsen

Jo-Jo

Sprachbuch **3**
Grundschule Bayern
Arbeitsheft
in Vereinfachter Ausgangsschrift

Erarbeitet von	Olga Brinster, Gersthofen; Isabelle Lux, Obergriesbach
Unter Einbeziehung der Ausgabe von	Frido Brunold, Sandra Meeh, Henriette Naumann-Harms, Rita Stanzel
Redaktion	Miriam Heymann; lüra – Klemt & Mues GbR, Wuppertal
Illustrationen	Susann Hesselbarth, Leipzig; Ulf K., Düsseldorf
Umschlagillustration	Sylvia Graupner, Annaberg-Buchholz
Layoutkonzept	Heike Börner, Berlin
Technische Umsetzung	die buchetage – Kalwert und Walsh GbR, Berlin

www.cornelsen.de

Alle Drucke dieser Auflage sind inhaltlich unverändert
und können im Unterricht nebeneinander verwendet werden.

© 2015 Cornelsen Schulverlage GmbH, Berlin
© 2017 Cornelsen Verlag GmbH, Berlin

Druck: H. Heenemann, Berlin

1. Auflage, 6. Druck 2021
Arbeitsheft
ISBN 978-3-06-083087-9

1. Auflage, 1. Druck 2015
Arbeitsheft mit CD-ROM
ISBN 978-3-06-083933-9

PEFC zertifiziert
Dieses Produkt stammt aus nachhaltig
bewirtschafteten Wäldern und kontrollierten
Quellen.
www.pefc.de
PEFC/04-31-1156

Inhalt

Ordnen und nachschlagen

1 Trage in die Alphabet-Ketten fehlende Buchstaben ein.

A B C D *E* F G   E F G H ⬜ J K L

K L M N ⬜ P Qu   Qu R S T ⬜ V W

B ⬜ D   F ⬜ H   J ⬜ L   M ⬜ O

O ⬜ Qu   R ⬜ T   U ⬜ W   X ⬜ Z

2 Wo findest du die Wörter im Wörterbuch? Ordne zu.
Vergleiche deine Lösung mit deinem Partnerkind.

Fisch • Igel • Katze • Vogel • Uhu • Ente
Gans • Lama • Tiger • Amsel • Maus • Schmetterling

vorne	in der Mitte	hinten
Biber		

3 Habt ihr die Wörter im Wörterbuch leicht gefunden?
Sprecht in eurer Gruppe darüber.

Ich beobachte …

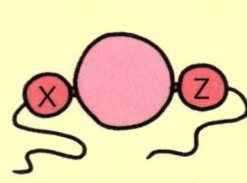

© 2015 Cornelsen Schulvertlage GmbH, Berlin. Alle Rechte vorbehalten.

4 Ordne die Wörter aus jedem Kasten nach dem Alphabet.

Form	kaufen	schlafen
Fisch	Katze	Schiff
Fuß	Kamm	schwimmen
Feuer	kalt	schon
Fahrrad	Kaninchen	Schaum

F/f

K/k

Sch/sch

Fahrrad

5 Lies den Text. Finde die farbigen Wörter im Wörterbuch.
Schreibe die Erklärungen auf.

Wenn es in der Pause auf dem Schulhof einen Streit
oder ein Missverständnis gibt, sind die Streitschlichter
zur Stelle. Sie vermitteln zwischen ihren Mitschülern.
Dann können sich alle wieder vertragen.
Hast du auch Interesse daran, Streitschlichter zu werden?

Missverständnis:

Wörter mit Doppelkonsonanten

1 Lies die Wörter. Ordne sie ein. Zeichne Silbenbögen.

> fallen • kommen • Puppe • messen • Boden • stellen • schwimmen
> rufen • warten • rennen • Sonne • Butter • helfen • essen • Gruppe

Ich höre einen langen Vokal (offene Silbe):

Nase

Ich höre einen kurzen Vokal + zwei verschiedene Konsonanten (geschlossene Silbe):

Finger

Ich höre einen kurzen Vokal + einen Konsonanten (geschlossene Silbe):
→ Konsonant wird verdoppelt:

Wasser

2 Kennzeichne bei den Wörtern mit Doppelkonsonant
in Aufgabe 1 den kurzen Vokal. Markiere den Doppelkonsonant:

3 Ordne die Reimwörter zu. Zeichne Silbenbögen.

> Schwämme • Welle • Tonne • Butter • Puppe • Tasse

Mutter	Sonne	Klasse
Butter		

Gruppe	Stelle	Kämme

4 Schreibe mit den Wörtern Sätze in dein Heft.

Richtig schreiben

5 Welche Silben ergeben zusammen ein Wort?
Ordne die Wörter in die Tabelle. Zeichne Silbenbögen.

Hal stel Tel
ler len le

Tam Tam

Wet ret Zet
tel ten ter

Som kom trom
mer meln men

ll	mm	tt
Halle		

6 Ergänze passende Wörter mit Doppelkonsonanten.

Heute scheint die ☀ *Sonne* .

Wir spielen mit den neuen ⬤⬤ " _____ .

Plötzlich donnert es. Es kommt ein ⛈ _____ .

Schnell _____ wir nach Hause.

Trotzdem haben wir _____ Hosen.

7 Finde zu deinem Hobby Wörter mit Doppelkonsonanten.
Du kannst auch in Büchern und Zeitungen suchen.

_____

_____

Richtig schreiben 7

Wörter mit ck und tz

1 Ordne die Wörter in die Tabelle ein.
Kennzeichne den kurzen Vokal oder Umlaut. Zeichne Silbenbögen.

packen • Plätze • Spitze • verstecken • Pfütze • dreckig • sitzen
setzen • Flecken • kratzen • schützen • Stöcke • locker • Zucker

Wörter mit tz	Wörter mit ck
Plätze	*packen*

Du trennst
Wörter mit ck so:
pa-cken.

2 Finde mit deinem Partnerkind jeweils ein passendes Reimwort.
Schreibt die Reimwörter auf. Kontrolliert gegenseitig eure Schreibung.
Gebt euch freundlich Rückmeldung zum Überarbeiten.

Plätze	Spritze	backen	Lücke
Sätze			
Fratze	Stütze	lecken	Glück
schwitzen	Tatzen	Hocker	fleckig

3 Schreibe mit den Wörtern Sätze in dein Heft.

Richtig schreiben

4 Ergänze in den Sätzen passende Wörter mit **ck** oder **tz**.

> backen • Stücke • Puderzucker • dicke • Zuckerguss
> spritzen • lecker • schmatzen • platzt

Max und Ayshe _____ einen Kuchen.

Asyhe streut _____ in den Teig.

Max möchte auf den fertigen Kuchen noch Buchstaben

aus _____ _____ .

Nach dem Backen isst jeder zwei _____ _____ .

„Wie _____ !", ruft Ayshe.

„Leider dürfen wir nicht _____ ."

Max sagt: „Mein Bauch ist so voll, er _____ sicher gleich."

5 Schreibt die Lösungswörter in die Kästchen.
Wie heißt das Lösungswort? Berichte deinem Partnerkind.

| D | e | c | k | e | l |

Richtig schreiben   **9**

Wörter mit ng und nk

1 Finde Reimwortpaare. Markiere **ng**.

Ring • Engel
Finger • Menge
Stange • Junge
Gang • Schlangen
Länge • singen

Klang • Ringer
Enge • Ding
Zunge • Klänge
Zange • springen
Bengel • fangen

Ring – Ding,

2 Finde Reimwortpaare. Markiere **nk**.

Henkel • Schränke
Tank • Flanke
sinken • krank
hinken • lenken
funkeln • Anker

Bänke • denken
Schinken • Schranke
Enkel • schunkeln
Bank • Tanker
blinken • Schrank

Henkel – Enkel,

3 Schreibe die Verben mit den Personalformen auf. Markiere **ng**.

	schwingen	fangen	singen
ich	*schwinge*		
du			
er			
wir			
ihr			
sie			

4 Ergänze die Lösungswörter. Markiere **nk**.

unangenehm riechen: s t i n k e n

Ein Schiff kann bei Sturm …

nicht gesund, sondern …

Darin werden Sachen aufbewahrt:

ein Satzschlusszeichen:

Wenn man Durst hat, muss man …

Nachts ist es …

Das tut man mit dem Kopf:

5 Sprecht die Lösungswörter aus Aufgabe 4.
Hört ihr einen Unterschied bei den **ng**-Lauten und den **nk**-Lauten?
Diskutiert freundlich in eurer Gruppe.

Wörter mit V/v

1 Ordne die Wörter mit **V** den Bildern zu.

der Vampir • der Vater • die Vase • der Vogel • die Violine • der Vorhang

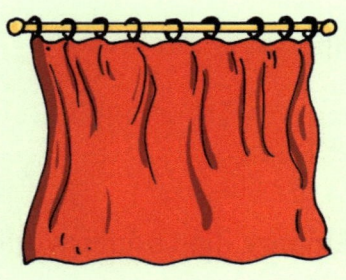

2 Schreibe die Wörter ab. Markiere in jedem Wort das V/v.

vielleicht • vor • voll • vier • das Klavier
davor • von • das Verb • vom • der Vulkan

3 F/f oder V/v? Finde die Wörter im Wörterbuch.
Ergänze den fehlenden Buchstaben.

Pul☐er ☐orname ☐aust ☐erbot

☐isch No☐ember be☐or ☐ieh

4 Ergänze in den Sätzen passende Wörter mit **V/v**.

November • vier • Klavier • versteckt • vielleicht • Vögel

Im _____ ist es oft sehr nebelig.

Lara kann schon gut _____ spielen.

Im Käfig sitzen _____ bunte _____.

Max _____ die Trillerpfeife

in der Tasche am Rollstuhl.

Morgen telefoniert Ali _____

mit seiner Oma in der Türkei.

5 Löse die Rätsel.
Vergleiche deine Lösungen mit deinem Partnerkind.
Diskutiert eure Ergebnisse freundlich miteinander.

Das Gegenteil von wenig: _____

Ein Gefäß für Blumen: _____

Das Gegenteil von dahinter: _____

Glühend heißes Vulkangestein: _____

Das Gegenteil von leer: _____

Die Zahl zwischen drei und fünf: _____

Der Monat vor dem Dezember: _____

6 Spiele mit deinem Partnerkind: Wer findet im Wörterbuch
in fünf Minuten die meisten Wörter mit **V/v**?
Der Buchstabe darf auch mitten im Wort vorkommen.

_____

_____

_____

Verlängern: b, d, g am Wortstammende

1 Welcher Buchstabe fehlt am Wortende: b oder p? d oder t? g oder k?
Schreibe zuerst die Mehrzahl der Nomen auf.
Ergänze dann den fehlenden Buchstaben in der Einzahl. Markiere ihn.

die Han **d** – *die Hände*

der Kor ☐ –

der Zwer ☐ –

das Fahrra ☐ –

das Klei ☐ –

der Ta ☐ –

der Ber ☐ –

das Kin ☐ –

2 Unterstreiche in jedem Satz das Verb. Verlängere das Verb durch die Grundform.

Draußen <u>wird</u> es dunkel. *es wird – werden*

Die Köchin reibt den Käse.

Max liebt Hanna.

Sie trägt das Baby.

Ihr fliegt in den Urlaub.

Du schlägst das Buch auf.

Sie schreibt eine E-Mail.

Lara übt das Gedicht.

3 Verbinde, was zusammengehört.
Setze die fehlenden Buchstaben ein.

legen	sie flie☐t	sie flo☐
pflegen	er ü☐t	er pfle☐te
üben	sie le*g*t	er stie☐
fliegen	er pfle☐t	er ü☐te
schreiben	er stei☐t	er tru☐
tragen	sie schrei☐t	sie le*g*te
steigen	er trä☐t	sie schrie☐

DU ICH

4 Setze die fehlenden Buchstaben ein.
Erkläre deinem Partnerkind den Weg zu deinen Lösungen.

Ich habe Fahrrad mit d geschrieben, weil ich zuerst …

Paul und Ayshe fahren mit dem Fahrra☐ an

einem blühenden Fel☐ vorbei.

An diesem Ta☐ wollen sie Pfer☐e beobachten.

Ayshe hat einen Picknickkor☐ dabei. Plötzlich blei☐t Paul stehen.

Ein Hun☐ versperrt ihnen den We☐.

Ayshe holt ein leckeres Würstchen aus dem Kor☐

und gi☐t es dem Hun☐.

Nun können sie ihren We☐ fortsetzen.

Verlängern: Adjektive

1 Setze die verlängerten Adjektive in die Sätze ein.

dicke • kranke • kleines • spannendes • gelbe • bissigen

Ich lese gern *dicke* Bücher.

Das Küken hat _____ Federn.

Der Arzt behandelt _____ Menschen.

Unsere Nachbarn haben einen _____ Hund.

Lara trägt ein _____ Hörgerät.

Antonio stellt uns ein _____ Buch aus Italien vor.

2 Verlängere die Adjektive.

salzig • die Brezel   *die salzige Brezel*

klug • die Professorin _____

stark • der Gewichtheber _____

lieb • das Kind _____

krank • der Junge _____

hart • der Stein _____

schnell • der Rollstuhl _____

rund • der Ball _____

gelb • das Fahrrad _____

3 Ergänze die fehlenden Buchstaben.
Schreibe zuerst die Verlängerung.

vorsicht*ig* – *das vorsichtige* Kind

schmutz⬚ – die ⬚ Hose

freund⬚ – der ⬚ Lehrer

lust⬚ – der ⬚ Clown

ängst⬚ – die ⬚ Mutter

schwier⬚ – die ⬚ Aufgabe

herr⬚ – das ⬚ Wetter

berg⬚ – die ⬚ Gegend

4 Setze die Adjektive in den Lückentext ein. Achte auf die richtige Form.

sandig • riesig • einzig • luftig • langweilig • vorsichtig • lustig • kräftig

Im Zirkus geht es heute *lustig* zu. Der Ansager

in der ⬚ Manege begrüßt die Gäste.

Dann hebt der ⬚ Gewichtheber

ein ⬚ Paket mit einem ⬚ Ruck

nach oben. Danach macht die Seiltänzerin in ⬚ Höhe

einen ⬚ Schritt. Es gab den ganzen Nachmittag

keine ⬚ Minute und alle klatschen fröhlich Beifall.

Ableleiten: Wörter mit ä und äu ⚡

1 Zähle in dem Bild.
Schreibe hinter jede Ziffer das passende Mehrzahlwort mit dem Umlaut ä
oder mit dem Zwielaut äu.

Baum • Sack • Axt • Bart • Fass • Maus

3 _____   10 _____

5 _____   12 _____

9 _____   13 *Säcke*

2 Schreibe die Mehrzahlwörter mit dem Umlaut ä oder mit dem Zwielaut äu auf.

der Kahn *die* _____   der Mann *die* _____

das Haus *die* _____   die Faust *die* _____

3 Finde zu jedem Wort eine Ableitung. Ergänze dann die fehlenden Buchstaben.

die W _ä_ rme – *warm*   gl _ _ big – _____

die St _ _ rke – _____   z _ hlen – _____

l _ nger – _____   das R _ tsel – _____

bl _ _ lich – _____   sch _ men – _____

die T _ nze – _____   der L _ fer – _____

sch _ rfer – _____   du f _ ngst – _____

4 In den Sätzen fehlen Wörter mit **ä** oder **äu**.
Leite sie von den Wörtern im Kasten ab und ergänze sie.

Verstand • Tag • laufen • Raum • warm • kalt • Traum • tragen • verkaufen

Die Aufgaben im Mathebuch sollten _____ erklärt sein.

In der Buchhandlung zeigt mir die _____ einen Kinderkrimi.

Früher ließen viele Könige ihre _____ mit Gold verzieren.

Im Tal ist es _____ als auf dem Berg.

Der Fahrradfahrer _____ einen Helm.

Jeder Mensch sollte _____ zwei Liter trinken.

Im Park sieht man oft sportliche _____.

Im Norden ist es meist _____ als im Süden.

Oft habe ich nachts sehr schöne _____.

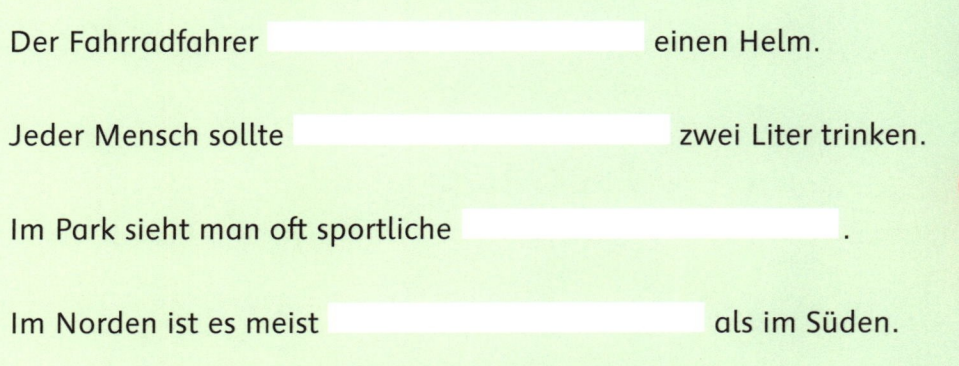

Merkwörter mit langem i-Laut

1 Setze die Nomen in den Text ein. Markiere das lange **i** in den eingesetzten Wörtern.

> Lisa • Pinguine • Iglu • Musik • Kino • Trampolin
> Krokodil • Tiger • Apfelsinen • Limonade

Oma lädt Lisa ins *Kino* ein. Beide trinken eine kleine

Flasche _____ . Heute läuft ein lustiger Tierfilm.

Es spielen zwei _____ mit, die in einem _____ wohnen.

Ein _____ springt dauernd auf einem _____ .

Zwei _____ haben keine Lust auf Fleisch und fressen _____ .

Oma und _____ haben viel gelacht.

Die _____ im Film hat ihnen besonders gut gefallen.

2 Bilde Wörter mit der Endung **-ine**.

> Gard • Bohrmasch • Pral • Apfels • Ros
> Mandar • Kab • Nektar • Viol • Law

Gardine, _____

_____

3 Wähle Wörter aus Aufgabe 2. Schreibe mit den Wörtern Sätze.

_____

_____

_____

_____

_____

4 Finde die richtige Lösung. Schreibe sie in die Kästchen.

Zweimal 500 Gramm ergeben ein K i l o .

Damit bohrt man ein Loch:

Er sieht gruselig aus:

Ein Haus aus Schnee ist ein .

Man kann darauf hüpfen:

Was braucht ein Auto zum Fahren?

5 Schreibe Sätze mit Merkwörtern mit langem i-Laut.
Zeige deine Sätze deinem Partnerkind.
Einigt euch auf die richtige Schreibung der Wörter mit langem i-Laut.

6 Erstellt in der Klasse ein Lernplakat mit einer Tabelle: Wörter mit langem i-Laut.

Merkwörter mit Dehnungs-h ⓜ

1 Lies den Text.
Unterstreiche alle Wörter mit Dehnungs-h.

Ja, es ist wahr! In diesem Jahr haben wir uns endlich

eine neue Uhr gekauft.

Ich stelle den großen Zeiger auf die richtige Zahl.

Vater will die Uhr an einen Haken hängen.

Er holt die Bohrmaschine und bohrt.

Oh, ist das laut! Von dem Krach schmerzt mein Ohr.

Der Lärm dauert noch zehn Minuten.

Vater hängt auch noch einen Bilderrahmen auf.

2 Schreibe die Wörter mit Dehnungs-h auf.
Markiere in jedem Wort das **h**.
Unterstreiche den Vokal vor dem **h**.

 *wahr,*

3 Bilde Verben. Markiere in jedem Verb das **h**.

neh	
zäh	
füh	men
gäh	len
rüh	ren
erzäh	nen
dröh	

nehmen,

Richtig schreiben

4 Schreibe zu den Verben die Personalformen mit **du**, **er** und **wir**.

fühlen: *du fühlst, er fühlt, wir fühlen*

zählen:

fahren:

gähnen:

nehmen:

rühren:

5 Bilde zusammengesetzte Nomen.
Ergänze die Nomen in den Sätzen.

Ohr • Speise • Zahn • Stuhl • Mehl • Bohnen • Armband
Ringe • Spange • Uhr • Wasser • Bein • Hahn • Gericht

Zum Geburtstag wünsche ich mir   .

Ich esse gern eine bayerische   .

Eva trägt seit gestern eine   .

Ful ist ein arabisches   .

Mama kontrolliert die Zeit auf ihrer   .

Seit einer Stunde tropft der   .

Das   ist zerbrochen.

Wörter aus anderen Sprachen

1 Aus welchen Ländern kommen die Speisen? Ordne zu.

🇬🇧 Ketchup	🇮🇹 Lasagne	🇮🇹 Spaghetti	🇺🇸 Cornflakes
🇮🇹 Pizza	🇬🇧 Toast	🇫🇷 Pommes frites	🇮🇹 Peperoni
🇮🇹 Tiramisu	🇫🇷 Baguette	🇫🇷 Crêpe	🇫🇷 Croissant
🇫🇷 Champignons	🇫🇷 Konfitüre	🇮🇹 Mozzarella	🇺🇸 Burger
🇮🇹 Tortellini	🇫🇷 Omelette	🇺🇸 Marshmallow	🇮🇹 Salami

Großbritannien/USA:

Ketchup,

_____

Frankreich:

_____

_____

_____

Italien:

_____

_____

_____

2 Kennst du Gerichte aus anderen Ländern?
Schreibe sie auf. Berichte deinem Partnerkind.

_____

Richtig schreiben

3 Diese Begriffe kommen aus der englischen Sprache.
Schreibe zu jedem Bild den passenden Begriff.

Volleyball • Trainer • Windsurfen • Tennis • Basketball • Jogging

4 Löst die Rätselsätze. Wenn ihr nicht weiterwisst, schlagt in Wörterbüchern nach.
Vergleicht eure Lösungen mit anderen Gruppen.

bisiklet • pasta • computador • été • ле́то • anneanne • игра́ • gitara

Sommer heißt auf Russisch: ле́то

Fahrrad heißt auf Türkisch:

Großmutter heißt auf Türkisch:

Gitarre heißt auf Polnisch:

Sommer heißt auf Französisch:

Computer heißt auf Spanisch:

Spiel heißt auf Russisch:

Nudeln heißen auf Italienisch:

Nomen, bestimmter und unbestimmter Artikel

1 Nomen oder andere Wörter?
Prüfe jedes Wort auf den Zetteln:
- Kannst du einen Artikel ergänzen?
- Kannst du die Mehrzahl bilden?
Unterstreiche nur alle Nomen.

Fahrkarte besorgen, Ausweis einstecken,
Buch einpacken, Blumen gießen, Fisch füttern,
Spiel auswählen, früh genug packen

Bananen und dicke Äpfel einkaufen, Brote schmieren, Eier
kochen, Möhren schälen, Teeflaschen füllen, Schlüssel zu
Müllers bringen, alles abschließen

2 Schreibe die Nomen vom oberen Zettel in der Einzahl
und in der Mehrzahl auf. Wähle den bestimmten Artikel.

die Fahrkarte – die Fahrkarten,

3 Schreibe die Nomen vom unteren Zettel in der Einzahl
mit dem unbestimmten Artikel auf.

eine Banane,

4 Prüfe im Text alle Wörter wie in Aufgabe 1. Unterstreiche alle Nomen.
Schreibe sie mit dem bestimmten Artikel in der Einzahl auf.

IN DREI TAGEN FÄHRT LARA MIT IHRER FAMILIE ANS MEER.
SIE HAT SCHON SPIELE UND HÖRBÜCHER FÜR DIE LANGE REISE
IN IHREN RUCKSACK GEPACKT. AUCH DIE MALSTIFTE
SIND DABEI. LARA FREUT SICH. SIE WILL MIT IHREN
KLEINEN BRÜDERN MUSCHELN SAMMELN UND
IM FEINEN SAND HERUMTOBEN. WENN DIE WELLEN
NICHT ZU HOCH SIND, WILL SIE MIT IHRER MUTTER
SCHWIMMEN. LARAS HÖRGERÄT IST WASSERDICHT.
DESHALB MUSS SIE ES NICHT IN DIE TASCHE STECKEN.

der Tag,

5 Ordne die Nomen von Aufgabe 4 richtig zu. Schreibe sie immer in der Einzahl auf.

der:

die:

das:

6 Von diesen Wörtern gibt es keine Mehrzahl.
Finde mit deinem Partnerkind heraus, wie man ihre Menge mit „drei" angeben kann.

Butter • Milch • Wasser • Weizen

Verben: Grundform und Personalform

1 Schreibe zu jedem Bild das passende Verb in der Grundform.

lachen • liegen • weinen • trinken • sitzen • lesen

liegen

2 Welche der Wörter sind Verben und sagen, was jemand tut?
Bilde im Kopf die Ich-Form. Markiere dann die Verben.

| LACHEN | KLEIN | HIMMEL | LIEGEN | BUCH | LESEN | RUSSISCH |

| BUNT | SPIELEN | SONNE | ROLLSTUHL | RENNEN | NASS |

3 Schreibe mit den Verben aus Aufgabe 2 Sätze. Achte auf die richtige Personalform.

4 Wähle passende Verben aus und setze sie in der richtigen Personalform ein.

liegen • schaffen • denken • schicken • gehen • versuchen • wirken

Paul _____ am Abend im Bett und _____ es

nicht einzuschlafen. Er will am liebsten wieder aufstehen und

mit seinen Eltern gemütlich im Wohnzimmer sitzen. Er _____

aber, dass Papa ihn sofort wieder zurück ins Bett _____ .

Auch könnte er schön mit Minka schmusen, aber die _____

jede Nacht auf Mäusejagd. Am Ende _____ Paul es

mit dem Einschlaftrick, den Opa ihm verraten hat.

Das _____ meistens.

G **5** Spielt das Spiel in eurer Gruppe.
Sprecht über eure Lösungen.

Personalformen würfeln

So wird es gemacht:
- Schreibt die Grundformen
  auf Kärtchen.

- Zieht eine Wortkarte.

- Würfelt und schreibt die passende
  Personalform auf.

tanzen   tragen   fallen

schieben   jagen   

⚀ = ich

⚁ = du

⚂ = er/sie/es

⚃ = wir

⚄ = ihr

⚅ = sie (alle)

Wortstamm und Endung

1 Unterstreiche in den Wörtern den Wortstamm **spring** rot.
Unterstreiche in den Wörtern den Wortstamm **flieg** grün.

Flieger Springseil flieger anfliegen

Fallschirmspringer überfliegen springen Fliegenfalle

Springreiten Springmaus Springbrunnen Skifliegen

springlebendig abfliegen springt davonfliegen

2 Ordne die Wörter in die Tabelle.

spring	flieg
Springseil	

3 Unterstreiche die Wortstämme und markiere die Endungen der Verben.

ich fliege   du fliegst   er fliegt   wir fliegen

ich springe   du springst   er springt   wir springen

ich lenke   du lenkst   er lenkt   wir lenken

ich schwebe   du schwebst   sie schwebt   wir schweben

4 Ergänze die Endungen und unterstreiche die Wortstämme.

Wir fahr ☐ mit dem Bus zum Sportfest.

Laura besuch ☐ zum ersten Mal ein Stadion.

Ich zeig ☐ ihr, wo unsere Plätze sind.

Viele Läufer steh ☐ schon am Start.

Mario läuf ☐ am schnellsten. Er hat viel trainier ☐.

Die Zuschauer schrei ☐ begeistert. Wir freu ☐ uns für Mario.

„Du bekomm ☐ eine Medaille!", rufe ich.

„Bleib ☐ ihr bis zur Siegerehrung?", fragt er.

„Natürlich, das lass ☐ wir uns nicht entgehen", sage ich.

ICH

5 Ordne die Verbformen in die Zeilen ein.
Unterstreiche die Wortstämme und markiere die Endungen.

singen trinken schoben sangen geschoben tranken gesungen getrunken schieben

singen,

trinken,

DU
ICH

6 Vergleiche deine Lösung von Aufgabe 5 mit deinem Partnerkind. Was fällt euch auf?
Sprecht darüber.
Findet weitere Verben, bei denen sich der Vokal in den Verbformen ändert.
Das Wörterbuch hilft euch.

WIR

7 Stellt eure Ergebnisse in der Klasse vor. Was meinen die anderen?

Gegenwart und Vergangenheit

1 Sieh dir die Bilder an. Lies dann die Sätze und kreuze an.

Wenn ich etwas Vergangenes **erzähle**, wähle ich die

☐ 1. Vergangenheit.

☐ 2. Vergangenheit.

Wenn ich über etwas Vergangenes **schreibe**, wähle ich die

☐ 1. Vergangenheit.

☐ 2. Vergangenheit.

2 Schreibe die Verbformen in die Tabelle.

> ich malte • ich bin geklettert • sie hat gerechnet • sie folgte •
> er knetete • ich klettere • ich habe gemalt • er knetet • sie folgt

Gegenwart	1. Vergangenheit	2. Vergangenheit
sie rechnet	sie rechnete	
ich male		
		er hat geknetet
	ich kletterte	
		sie ist gefolgt

3 Unterstreiche: die Gegenwart blau,
                 die 1. Vergangenheit rot,
                 die 2. Vergangenheit gelb.
Markiere in allen Sätzen die Verbformen.

Heute geht es mir gut.

Aber vor zwei Wochen lag ich im Krankenhaus.

Zum Glück besuchte mich mein Freund Eric zwei Mal.

„Wir sind mit der Klasse in den Wald gegangen", erzählte Eric.

„Aber ohne dich hat es nicht so viel Spaß gemacht."

Ich tröstete meinen Freund.

„Hier ist auch nichts besonders Lustiges passiert", sagte ich.

Heute gehe ich endlich wieder zur Schule.

Ich freue mich auf meine Klassenkameraden.

4 Schreibe mit den Verben Sätze
in der 1. Vergangenheit oder in der 2. Vergangenheit:

= geschriebene 1. Vergangenheit   = gesprochene 2. Vergangenheit

malen • angeln • tanzen • spielen • weinen • lachen

Zusammengesetzte Nomen

1 Prüfe die zusammengesetzten Nomen.
Aus welchen Wörtern sind sie zusammengesetzt? Verbinde.

das Rennpferd	die Festplatte	der Schneeschuh
Nomen + Nomen	Verb + Nomen	Adjektiv + Nomen
das Brettspiel	die Gießkanne	das Hochhaus

2 Unterstreiche im Text die zusammengesetzten Nomen:
Nomen + Nomen <u>blau</u>, **Verb + Nomen** <u>rot</u>, **Adjektiv + Nomen** <u>grün</u>.

Aus dem Radio klingt Klaviermusik.

Samira und Emil ziehen ihre Ballettschuhe an und üben.

Sie wollen ihren Tanz beim Sommerfest vorführen.

Anna will bei dem Fest selbstgemachte Lutschbonbons

verlosen. Dafür schlägt sie in einer Rezeptsammlung nach

und füllt dann Zucker in einen Messbecher.

Später müssen die Bonbons im Kühlschrank kalt werden.

Alexej verziert für den Getränkestand die Trinkbecher mit Buntpapier.

DU ICH

3 Bilde selbst zusammengesetzte Nomen.
Oder: Finde zusammengesetzte Nomen im Wörterbuch.
Erkläre deinem Partnerkind, aus welchen Wörtern deine Nomen
zusammengesetzt sind.

4 Zerlege die Nomen aus Aufgabe 2.

Nomen + Nomen: *das Klavier + die Musik,*

Verb + Nomen:

Adjektiv + Nomen:

5 Bilde zusammengesetzte Nomen mit dem bestimmten Artikel.

die Blume • der Kohl • die Schokolade • der Kuchen • der Geburtstag
die Karte • die Katze • das Futter • das Pferd • der Stall

Worauf musst du dabei achten? Besprich dich mit deinem Partnerkind.
Findet weitere zusammengesetzte Nomen.

6 Denkt in eurer Gruppe über die veränderte Bedeutung von Nomen nach,
die mit anderen Wörtern zusammengesetzt wurden:
der Wagen – der Umzugswagen, der Schrank – der Kühlschrank, …
Was fällt euch auf?

Adjektive

1 Mit Adjektiven kannst du Nomen genau beschreiben.
Ergänze in den Sätzen passende Adjektive.

> kaputt • nett • stark • lang • kalt • groß

Tills Jacke ist _____ .

Die Luft draußen ist _____ .

Der Wind weht _____ .

Der Weg zum Kleidergeschäft ist _____ .

Die Verkäuferin ist _____ .

Die Auswahl an Jacken ist _____ .

2 Ergänze in den Sätzen passende Adjektive. Du musst die Adjektive verändern.

Papa sagt zu der Verkäuferin:

„Till braucht eine _____ Jacke,

mit einer _____ Kapuze.

Sie soll ein _____ Futter haben.

Wir wollen keine _____ Farbe."

Am liebsten hätte Till eine _____ Jacke

mit _____ Streifen.

neu	
groß	e
warm	en
unauffällig	es
rot	
gelb	

3 Finde im Wörterbuch weitere Adjektive. Schreibe mit den Adjektiven Sätze.

_____

_____

DU
ICH

4 **-ig** oder **-lich**? Bildet aus den Nomen Adjektive.
Wie findet ihr die richtige Lösung? Sprich mit deinem Partnerkind darüber.

Herz • Luft • Freund • Fest • Lust • Vorsicht

5 Zerlege die zusammengesetzten Adjektive.

ofenfrisch • handwarm • blitzschnell • kugelrund • honigsüß

ofenfrisch = der Ofen + frisch

6 Bilde zusammengesetzte Adjektive
und setze sie in den Text ein.

Riese • Mäuschen
Nagel • Haus • Bär

stark • groß
hoch • still • neu

Beim Schachturnier war unser Erfolg _____ .

Wir spielten auf einem _____ Schachbrett.

Mit unserer _____ Mannschaft

konnten wir das Turnier _____ gewinnen.

Meistens war es im Raum _____ .

Wortfamilien

1 Ordne die Wortfamilien den Bildern zu.

> zaubern • fahren • fühlen • Zauberer • anfühlen • Fahrer
> verzaubern • einfühlsam • mitfühlend • Gefühl
> Zaubertrick • abfahren • Fühler • verzaubert • Gefahr
> zauberhaft • Fahrbahn • Einfahrt • Zauberstab • fühlbar

ZAUBER

zaubern

FÜHL

FAHR

2 Bilde Wörter der Wortfamilien **wohnen** und **fehlen**.
Unterstreiche in jedem Wort den Wortstamm.

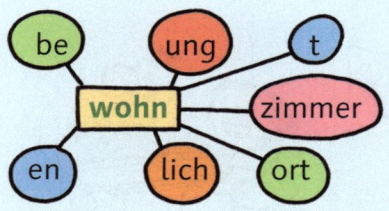

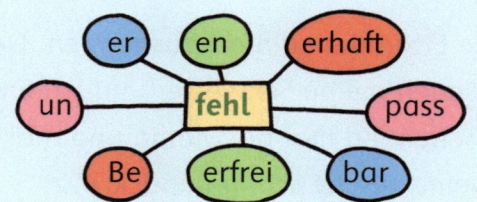

wohn: *bewohnt,*

fehl:

3 Ordne die Wörter zur passenden Wortfamilie.

trinken • Zahl • Gesang • zählen • singen • Sänger • Trank
Tränke • getrunken • Anzahlung • gesungen • bezahlen

sing

trink

zahl

4 Unterstreiche in den Wörtern von Aufgabe 3 die Wortstämme. Was fällt dir auf?
Besprich dich mit deinem Partnerkind.

Sprache untersuchen   39

Wortfelder

1 Setze Verben aus dem Wortfeld **sagen** in der passenden Personalform ein.

brüllen • murmeln • antworten • erklären • rufen • plappern • erzählen • schreien

Meine Eltern leben nicht zusammen. Deshalb
verbringen meine Schwester und ich unsere
Wochenenden mal bei Mama und mal bei Papa.
„Ist deine Tasche schon gepackt?",

_____ Mama.

Ich _____: „Ich suche noch meinen Lieblingsschlafanzug."

Leise _____ ich vor mich hin: „Wo ist er nur?"

Mama kommt die Treppe hoch. Sie hat den Schlafanzug unter dem Arm.

„Gerade frisch gewaschen", _____ sie.

Meine kleine Schwester _____ vom Fenster aus:

„Papa ist schon da!" Sie läuft zur Tür und öffnet. Gleich _____ sie los:

„Hallo Papa! Weißt du, was in der letzten Geigenstunde passiert ist?"

2 Ordne die Verben aus dem Wortfeld **sagen** aus Aufgabe 1 richtig zu.
Finde weitere.

laut: _____

normal: _____

_____

leise: _____

3 Wann sprecht ihr laut, leise oder normal?
Sprecht in der Gruppe darüber.

4 Wähle für jeden Satz ein passendes Verb aus dem Wortfeld **gehen**.
Ergänze das Verb in der richtigen Personalform.

gehen • schleichen • bummeln • flitzen • rasen • humpeln • hüpfen • springen

Ein Mädchen _____ fröhlich zu einer Parkbank.

Max _____ durch das Stadion.

Leon _____ mit seinem verletzten Bein zur Ärztin.

Der Dieb _____ mit seiner Beute um die Ecke.

5 Vergleiche deine Lösungen zu Aufgabe 4 mit deinem Partnerkind.
Habt ihr dieselben Verben gewählt?

6 Ersetze **machen** durch andere passende Verben. Schreibe die Sätze auf.

Mama macht einen Schokoladenkuchen mit mir.
Wir machen alle Fenster im Klassenzimmer auf.
Machst du mit mir einen großen Turm?
Die Kinder machen ein Loch im Sandkasten.

Nomen mit -ung, -heit, -keit, -nis

1 An den Wortbausteinen **-ung**, **-heit**, **-keit** und **-nis** erkennst du Nomen.
Unterstreiche im Text die Nomen mit **-ung**, **-heit**, **-keit** und **-nis**.

Meine Urgroßmutter hat ein gutes <u>Gedächtnis</u>.

Sie erzählt mir ab und zu ein Erlebnis aus ihrer Kindheit.

Sie ging nur acht Jahre lang zur Schule und hatte

immer ein gutes Zeugnis.

„Ich bekam in fast jedem Schuljahr eine Belobigung

wegen Gründlichkeit, Sauberkeit und guter Führung,

berichtet sie stolz.

Wegen einer Kleinigkeit wurde sie im letzten Schuljahr

nicht Klassenbeste. „Das war eine richtige Gemeinheit!", schimpft sie,

auch wenn sie sich nicht an die Begründung erinnern kann.

Heute klagt meine Urgroßmutter manchmal,

weil ihre Beweglichkeit nachgelassen hat.

Bei Dunkelheit traut sie sich nicht mehr

aus dem Haus. Sie muss regelmäßig eine

Untersuchung über sich ergehen lassen.

2 Ordne die Wörter aus Aufgabe 1. Schreibe auch die bestimmten Artikel auf.

-heit:

-keit:

-ung:

-nis: *das Gedächtnis,*

3 Finde zu den Nomen aus Aufgabe 2 das passende verwandte Wort.

denken • gründlich • loben • bezeugen • Grund • dunkel
bewegen • führen • Kind • gemein • sauber • erleben • klein • untersuchen

Gedächtnis – denken

4 Finde die verwandten Nomen und setze sie in die Mehrzahl.

ergeben: *das Ergebnis, die Ergebnisse*

ärgern:

verzeichnen:

geheim:

hindern:

Satzglieder umstellen

1 Bilde mit den Fächern Aussagesätze.
Schreibe den Satzanfang groß. Denke an das Satzschlusszeichen.

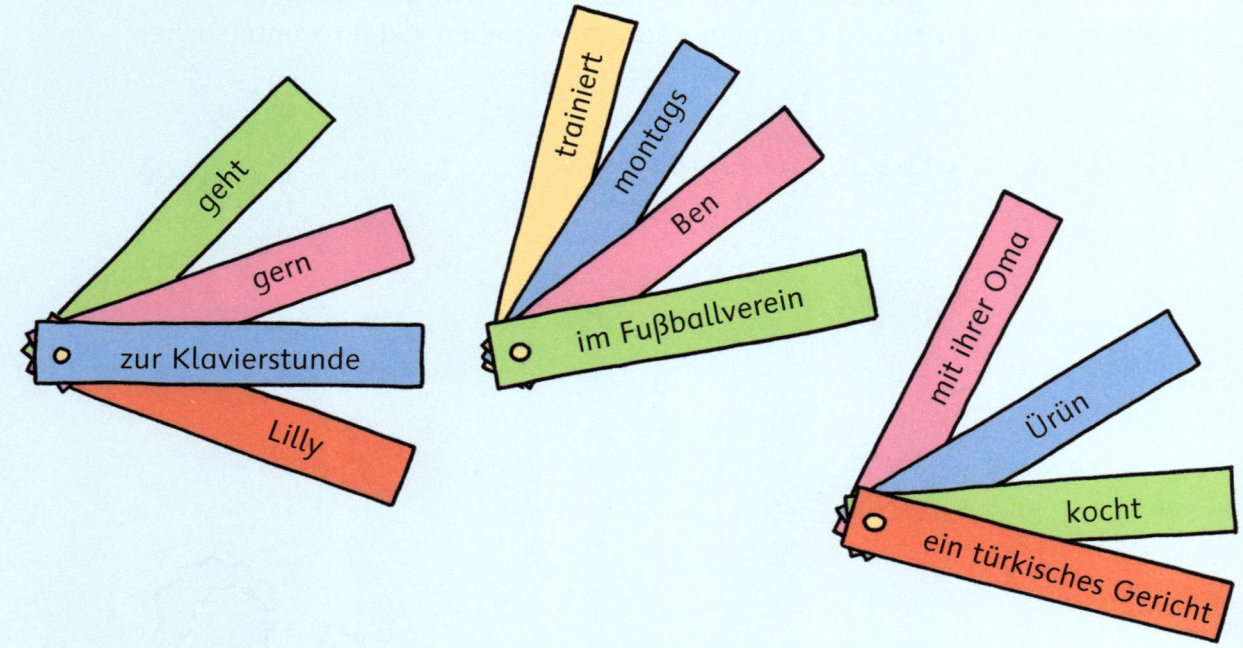

Gern geht Lilly zur Klavierstunde.
Zur Klavierstunde

2 Bilde aus den Satzfächern von Aufgabe 1 Fragesätze.

Geht Lilly

3 Stelle den Satz mehrmals um. Finde die fünf Satzglieder. Unterstreiche sie in unterschiedlichen Farben.

Ich unternehme mit Jonas eine Radtour an den See.

4 Vergleiche deine Lösungen mit deinem Partnerkind. Erklärt eure Unterstreichungen.

Prädikat und Subjekt

1 Finde zu jedem Subjekt ein passendes Prädikat.
Setze am Satzende einen Punkt.

Die Sonne   *scheint.*

Die Schnecke

Der Hund

Die Blumen

Der Vogel

Die Wespe

Die Kinder

2 Bilde Sätze. Finde zu jedem Prädikat ein passendes Subjekt.
Schreibe den Satzanfang groß.

die Verkäuferin • der Koch • der Gärtner • der Maurer
der Zahnarzt • der Musiklehrer • der Busfahrer

Der Gärtner   gräbt.

lenkt.

kassiert.

bohrt.

rührt.

singt.

baut.

3 Kreuze die Sätze an, deren Prädikat noch weitere Satzglieder fordert.

☐ Die Regenwürmer kriechen.   ☐ Maxi holt.

☐ Mutter bringt.   ☐ Ich singe.

4 Schreibe die angekreuzten Sätze auf und ergänze passende Satzglieder.

5 Wie hat dein Partnerkind die Aufgabe gelöst?
Vergleicht und begründet in freundlichem Ton.

6 Bilde aus dem Wortmaterial Sätze.
Unterstreiche die **Prädikate** rot und die **Subjekte** blau.
Du kannst auch eigene Wörter wählen.

die bunten Blumen	die braune Katze	zwei Mädchen

ein grüner Eiswagen	liegt	schlecken	parkt	blühen

am Straßenrand	große Eiskugeln	in der Wiese	unter einer Bank

Wörtliche Rede und Redebegleitsätze

ICH

1 Schreibe zu jedem Redebegleitsatz die passende wörtliche Rede.
Denke an die Anführungszeichen.

Papa flüstert Emma ins Ohr: „*Komm, ich zeig dir was.*"

Bojan ruft aufgeregt:

Irina winkt und ruft ungeduldig:

Leo bettelt:

Hanno schluchzt:

Anna zischt:

G

2 Lest in eurer Gruppe die Sätze mit verteilten Rollen.
Sprecht so, wie die Begleitsätze es vorgeben.

3 Finde für jeden Redebegleitsatz ein passendes Verb.

Bojan zeigt auf einen riesigen Tiger

und *verkündet*   : „Den will ich gewinnen."

Lisa rennt hinter ihrem Bruder her

und   : „Hanno, warte doch auf mich!"

Emma sieht die Zuckerwatte

und   : „Darf ich eine haben?"

Inas Knie blutet.

Sie   : „Es tut so weh!"

Anna öffnet ihr Los

und   : „Ich habe gewonnen!"

4 Schreibe passende wörtliche Reden.
Denke an die Anführungszeichen.

Lutz hat Lisa mit Eis bekleckert. Er stottert erschrocken:

Ayshe hat Halsschmerzen. Sie schluchzt:

Lotta möchte gern gebrannte Mandeln. Sie bettelt:

Ben ist hingefallen. Er jammert:

Einen Sachtext planen

1 Du planst einen Sachtext über Australien. Lies den Reisebericht.

Liebe Olivia, lieber Fabian,

gestern kam ich aus Australien zurück. Die Reise war wunderbar! Wusstet ihr, dass Australien als einziger Erdteil ganz auf der südlichen Halbkugel liegt? Australien ist der kleinste Kontinent auf der Erde. Es ist nur 22-mal so groß wie Deutschland. Trotzdem war ich natürlich nicht überall.

Ich verbrachte viel Zeit am Strand und lernte Surfen. Aber man muss aufpassen, denn im Meer gibt es Haie!

Dann fuhr ich nach Sydney weiter und besuchte dort meine Freundin Claudia. Zusammen reisten wir nach Canberra. Das ist die Hauptstadt Australiens. In Australien leben Menschen aus vielen Ländern. Die Ureinwohner nennt man Aborigines.

Stellt euch vor, ich sah sogar ein Känguru! Es hüpfte einfach über die Straße. Australiens Tierwelt ist etwas Besonderes. Es gibt dort auch noch andere Beuteltiere, zum Beispiel Koalas. Berühmt sind auch die Korallenriffe vor der Küste. Dort leben viele bunte Fische.

Ich werde euch bald ein paar Fotos schicken!

Liebe Grüße
Tante Clara

2 Lies die Stichworte in der Mind-Map auf Seite 51.
Markiere im Text Informationen, die zu den Stichworten passen.

3 Ergänze die Informationen in der Mind-Map.

4 Finde weitere Informationen zu den Stichworten im Internet oder im Lexikon.
Ergänze die Mind-Map: Sehenswürdigkeiten, Essen, ...

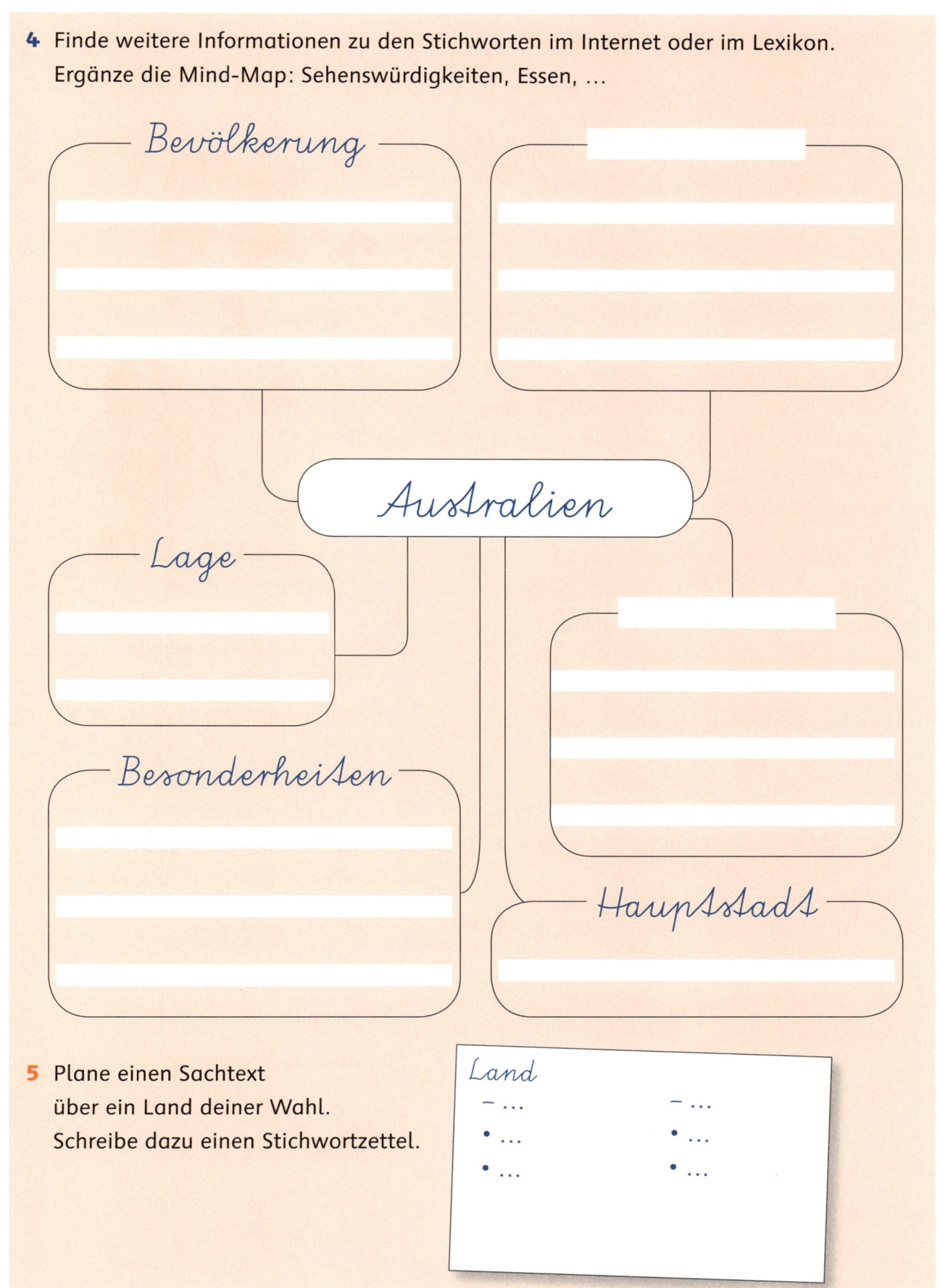

Bevölkerung

Lage

Besonderheiten

Australien

Hauptstadt

5 Plane einen Sachtext
über ein Land deiner Wahl.
Schreibe dazu einen Stichwortzettel.

Land
– ...
• ...
• ...

– ...
• ...
• ...

Stichworte für Sachtexte finden

1 Josef hat einen Sachtext über American Football geschrieben.
Lies den Text.

Amerikaner lieben American Football.
Dabei dreht sich alles um einen eiförmigen
Ball aus Leder. Zwei Mannschaften
mit 11 Spielern stehen sich auf dem Spielfeld
gegenüber. Das Spielfeld ist etwa so groß
wie ein Fußballfeld.

Das Spiel dauert viermal 15 Minuten.
Dabei muss der Ball so weit wie möglich
auf die gegnerische Spielfeldseite gelangen.
Dafür gibt es Punkte. Die meisten Punkte
erzielen „Touchdowns". Das ist, wenn der Ball
in der Endzone des Gegners landet.

Die Verteidiger versuchen, den Spieler
mit dem Ball in der Hand umzustoßen.
Deshalb ist Schutzbekleidung wichtig.
Dazu gehören Helme mit Schutzgitter,
Schulterpolster und Knieschoner.
Die Mannschaft mit der höchsten
Punktzahl gewinnt.

- eiförmiger Ball aus Leder
- 2 Mannschaften mit 11 Spielern
- Spielfeld groß wie Fußballfeld
- Spieldauer viermal 15 Minuten
- viele Punkte für „Touchdowns"
- Schutzkleidung wichtig
- höchste Punktzahl gewinnt

2 Vor dem Schreiben hat Josef Stichworte
zum Thema notiert. Finde und unterstreiche
die Stichworte im Text.

3 Welche Stichworte passen zu einem Sachtext über Fußball? Kreuze an.
Berichte deinem Partnerkind.

☐ Sattel	☐ 22 Spieler
☐ Spielfeld Rasen oder Asche	☐ im Anschluss bürsten
☐ 1 Schiedsrichter und 2 Linienrichter	☐ 2 Tore
☐ langer Ausritt	☐ gesundes Futter
☐ Hufe sauber machen	☐ viele Regeln
☐ schwarz-weißer Ball	☐ zweimal 45 Minuten

4 Lies Annas Text über das Thema Sport.
Unterstreiche in jedem Satz ein oder zwei wichtige Stichworte.

Die meisten Sportarten trainieren den Körper.

Man lernt auch, seine Bewegungen zu kontrollieren.

Sport zu treiben kann harte Arbeit sein.

Dies ist zum Beispiel beim Leistungssport der Fall.

Sport kann aber auch einfach nur Spaß machen.

Das englische Wort für Spaß ist „fun". Sportarten,

die nur Spaß machen, nennt man „Funsport".

Gut daran ist, dass sich die Menschen dabei bewegen.

Rollstuhlfahrer können „Funsport" im so genannten

„Racebike" machen. Sie fahren damit bis zu

60 Stundenkilometer schnell.

Gefährlich an „Funsport" ist, dass manchmal

nicht ausreichend auf die Sicherheit geachtet wird.

ICH

5 Wähle eine Sportart. Informiere dich über die Sportart
in Büchern oder im Internet. Notiere Stichworte wie in Aufgabe 1.

WIR

6 Lest eure Stichworte in der Klasse vor.
Ratet gegenseitig, welche Sportart gemeint ist.

Texte zusammenfassen

1 Lies den Text.

1961 flog zum ersten Mal ein Mensch mit einer Rakete ins All.
Es war ein russischer Astronaut, der die Erde in einer Raumkapsel
umkreiste. Von da an machte die Raumfahrt riesige Fortschritte.
Am 20. Juli 1969 landete die erste Mondlandefähre auf dem Mond.
Die Amerikaner Armstrong und Aldrin waren die ersten Menschen,
die einen Fuß auf den Mond setzten. Vier Tage waren sie
mit ihrem Raumschiff „Apollo 11" unterwegs.

Heute gibt es eine Raumstation im Weltall,
in der Wissenschaftler monatelang leben und arbeiten können.
Außerdem setzte man viele Satelliten im Weltall aus,
die Informationen empfangen und übertragen.
Deshalb können wir heute leicht mit Menschen
in fernen Ländern telefonieren und Fernsehsendungen
per Satellitenantenne empfangen.

ICH

2 In einer Zusammenfassung stehen
die wesentlichen Informationen aus einem längeren Text.
Lies die Zusammenfassungen.

> Es gab schon immer Menschen, die gern ins All fliegen
> wollten. Die berühmtesten waren die Amerikaner Armstrong
> und Aldrin. Sie waren die ersten Menschen, die 1969 auf
> dem Mond landeten. Im Weltall gibt es eine Raumstation und
> Satelliten, die im All kreisen und Informationen übertragen.

> Der erste Mensch im All war der Russe Gagarin.
> Er umkreiste 1961 die Erde in einer Raumkapsel.
> Die ersten Menschen auf dem Mond waren Amerikaner.
> Sie landeten dort 1969 mit der Mondlandefähre.
> Heute gibt es im All eine Raumstation mit Wissenschaftlern.
> Satelliten können Informationen empfangen und übertragen.

DU ICH

3 Kreuzt die passende Zusammenfassung an.
Welche hat dein Partnerkind angekreuzt? Warum?
Sprecht darüber.

4 Unterstreiche im Text wichtige Stichworte.

> Viele Grüße aus dem Mondhotel.
> Wir genießen den Blick auf die Erde,
> die Schwerelosigkeit und
> die galaktischen Lunar-Nudeln.

Dies könnte auf <u>Postkarten</u> stehen, die <u>bald</u> vom Mond auf die Erde
geschickt werden. Noch ist es nicht so weit, aber Experten glauben,

dass der Weltraum demnächst zum Touristenreiseziel wird.

Bisher konnten nur sehr reiche Menschen ins Weltall reisen. Einer davon war
der amerikanische Millionär Dennis Tito. Er flog im Jahr 2001
zur Internationalen Raumstation ISS – für 20 Millionen Dollar.
Inzwischen flogen schon weitere Menschen als Touristen mit.

Die Reise wird immer teurer. Doch in Zukunft soll sie günstiger werden.

Vielleicht werden wir unsere Ferien schon bald im Weltraum verbringen.

5 Schreibe mit deinen Stichworten.
eine Zusammenfassung zum Text.

Bald könnten Postkarten

Texte verstehen

1 Lies den Text genau.

„Was ist denn das für ein gelbes Päckchen?",
fragten die Kinder ihren Lehrer Herrn Linus.
„Tja, das ist ein neues Spiel für unseren Pausenhof!",
antwortete er geheimnisvoll. „Wer hilft mir beim Aufbauen?"
Natürlich waren alle gleich dabei. Herr Linus
packte das geheimnisvolle Päckchen langsam aus.

Ein langes, blaues Band kam zum Vorschein.
Herr Linus schaute in lauter enttäuschte Gesichter.
„Jetzt lasst uns das Band erst einmal spannen", sagte er.
Das war aber gar nicht einfach. Es dauerte die ganze Pause.
Das Band war sehr lang. Die Kinder mussten zuerst
nach zwei passenden Bäumen Ausschau halten,
die einen mindestens 150 cm dicken Stamm hatten.

Aber wie waren die Kinder erstaunt, als Herr Linus plötzlich
auf das Band sprang! Er balancierte wie ein Zirkuskünstler darauf.
Jetzt wollten plötzlich alle Kinder auf dem Band balancieren.

2 Beantworte die Fragen in Stichworten.

Welche Farbe hatte das Päckchen?

Wie dick mussten die Baumstämme mindestens sein?

Warum waren die Kinder zuerst enttäuscht?

Was wollten die Kinder am Ende?

3 Markiere alles, was Herr Linus sagt.

4 Lies den Text. Kreuze nur die Fragen an, die zum Text passen.

Die Sportart Slackline ist noch ziemlich jung.
Sie entwickelte sich 1980 aus einem Hobby in den USA.
Nach Europa brachte sie der Extremkletterer Heinz Zak.
Zum Slacken (sprich *släcken*) braucht man ein flaches Band
von mindestens 3 cm Breite und zwei dicke Pfosten.

Je breiter das Band, umso leichter kann man darauf balancieren.
Am besten spannt man das Band zu Beginn der Übungen niedrig.
So kann man gut absteigen, wenn man das Gleichgewicht verliert.
Bekannte Skirennläufer wie Bode Miller haben mit dem Slackline
ihr Gleichgewicht geschult. Sie haben danach große Erfolge
bei den Olympischen Spielen erzielt.

☐ 1. Wann wurde Slackline erfunden?

☐ 2. Wann finden die Olympischen Winterspiele statt?

☐ 3. Schult man mit dem Slacken das Gleichgewicht?

☐ 4. Warum sollte das Band möglichst breit sein?

☐ 5. Wer brachte Slackline nach Europa?

5 Schreibe die Antworten zu den angekreuzten Fragen.

Steckbriefe schreiben

1 Trage die Informationen an der richtigen Stelle in den Steckbrief ein.
Wenn du nicht sicher bist, schaue im Lexikon oder Internet nach.

Kaiserpinguin • Pinguine können nicht fliegen • bis zu 1,20 Meter
Meer und Küste • schwarz-weißes Federkleid • bis zu 20 Jahre
Haubenpinguine • Fische, Krill • Seeleopard, Hai

Name: *Kaiserpinguin*

Größe:

Aussehen:

Alter:

Lebensraum:

Nahrung:

Feinde:

Verwandte:

Besonderheiten:

2 Finde passende Stichworte für einen Steckbrief über eine Pflanze.
Schreibe die Stichworte untereinander auf die Linien.

Größe • Freunde • Farbe • Standort • Lieblingsbuch
Name • Aussehen • Hobbys • Blütezeit • Geburtstag

Name:

3 Wähle eine Pflanze. Ergänze den Steckbrief.

4 Schreibe einen Steckbrief über dich oder ein anderes Kind.
Finde passende Stichworte.

Name:

5 Stellt eure Steckbriefe in der Klasse vor. Verdeckt die Namen.
Könnt ihr die Kinder erraten?

Briefe überarbeiten

1 Trage die fehlenden Angaben auf Brief und Umschlag ein.

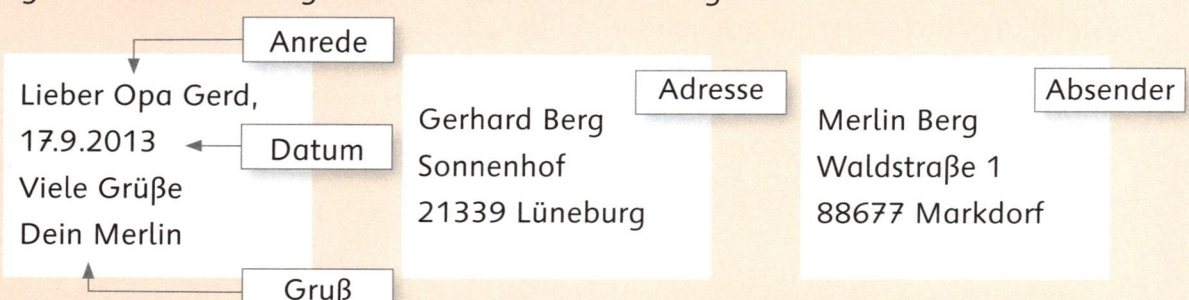

Anrede

Lieber Opa Gerd,
17.9.2013
Viele Grüße
Dein Merlin

Datum

Gruß

Adresse

Gerhard Berg
Sonnenhof
21339 Lüneburg

Absender

Merlin Berg
Waldstraße 1
88677 Markdorf

Lieber

wie geht es dir? Ich bin jetzt schon drei Tage mit
meiner Klasse auf dem Bauernhof und es gefällt mir sehr gut.
Ich schlafe mit Yannik, Max und Carl in einem Zimmer.
Hier ist jeden Tag was los: Gestern mussten wir Holz
fürs Lagerfeuer sammeln. Abends grillten wir dann
Würstchen und Stockbrote. Das machte viel Spaß!
Bitte gib Basco ein Leckerli von mir.

Absender

Adresse

2 Was gehört zu welcher Post? Kreuze die richtigen Stichworte an.

	Brief	Postkarte	E-Mail
Briefmarke	X		
Umschlag			
Papier			
Postbote			
Computer			
Postadresse			
E-Mail-Adresse			

3 Schreibe eine Postkarte an deine Familie.
Denke an Anrede, Gruß und Adresse.
Gestalte die Briefmarke.

Adresse

_____

_____

_____

_____

Erzählende Texte sinnvoll aufbauen 1

1 Lies den Anfang der Geschichte.

An einem schönen Sommertag machte Anna
mit ihrem Papa einen Angelausflug an den See.
Doch jetzt saßen sie schon so lange und noch immer
hatte kein Fisch angebissen. Anna seufzte.

Ihr Vater saß ganz ruhig da und schaute
auf die reglose Wasserfläche.
„Du, Papa", begann Anna.
Aber ihr Vater schüttelte nur den Kopf.
Puh, wie langweilig das war! Und so schwül!
Das sollte nun der tolle Ausflug sein,
den ihr Vater ihr versprochen hatte!
Ab und zu schwirrte eine Fliege um ihn herum,
aber sonst …

2 Wie könnte die Geschichte weitergehen?
Schreibe die Geschichte weiter.

| Plötzlich | ein Ruck an der Angel | Anna | flüstern | Vater | antworten |

| „Papa, da ist bestimmt …" | „Anna, du musst …" | ziehen zu zweit |

3 Wähle Stichworte für den Ausgang der Geschichte. Unterstreiche sie.

riesiger Fisch • Eimer • bunt • Mitleid • freilassen • davonschwimmen
Angelschnur • abreißen • umfallen • lachen • zum Glück

4 Schreibe den Ausgang der Geschichte mit Hilfe deiner Stichworte.

5 Lies die Anfänge einer Geschichte. Welcher informiert dich am besten über die Personen, den Ort und die Zeit? Kreuze an.

Weil ich Schlafpartys liebe, hatte ich alle zu mir eingeladen, und Sophie, Melissa und Kathi kamen auch. Gerade hatten wir unsere Schlafplätze eingerichtet, da klingelte es … ☐

Ich heiße Julia und ich liebe Schlafpartys. Deshalb hatte ich meine Freundinnen eingeladen: Sophie, Melissa und Kathi. Sie kamen alle pünktlich am Samstag um sechs zu mir und hatten ihre Schlafsäcke und Kuscheltiere mitgebracht. Gerade hatten wir unsere Schlafplätze in meinem Zimmer hergerichtet, da klingelte es … ☐

Meine Eltern wollten eigentlich nicht, dass meine Freundinnen bei mir übernachten. Aber ich konnte sie schließlich umstimmen. Gerade hatten wir am Samstagabend unsere Schlafplätze eingerichtet, da klingelte es … ☐

Erzählende Texte planen und schreiben

ICH

1 Ergänze die Stichwortsammlung für eine Geschichte zum Thema **Sommerfest**.

> Kinder • Samstag • Kuchen • Grillwürste • Dosenwerfen • Saft
> 12. Juni • Lehrerinnen • Lose vergessen • Tauziehen • Eltern
> Waldschule • Freunde • Kaffee • Seifenblasen zu viel Schaum • Sportplatz

Samstag

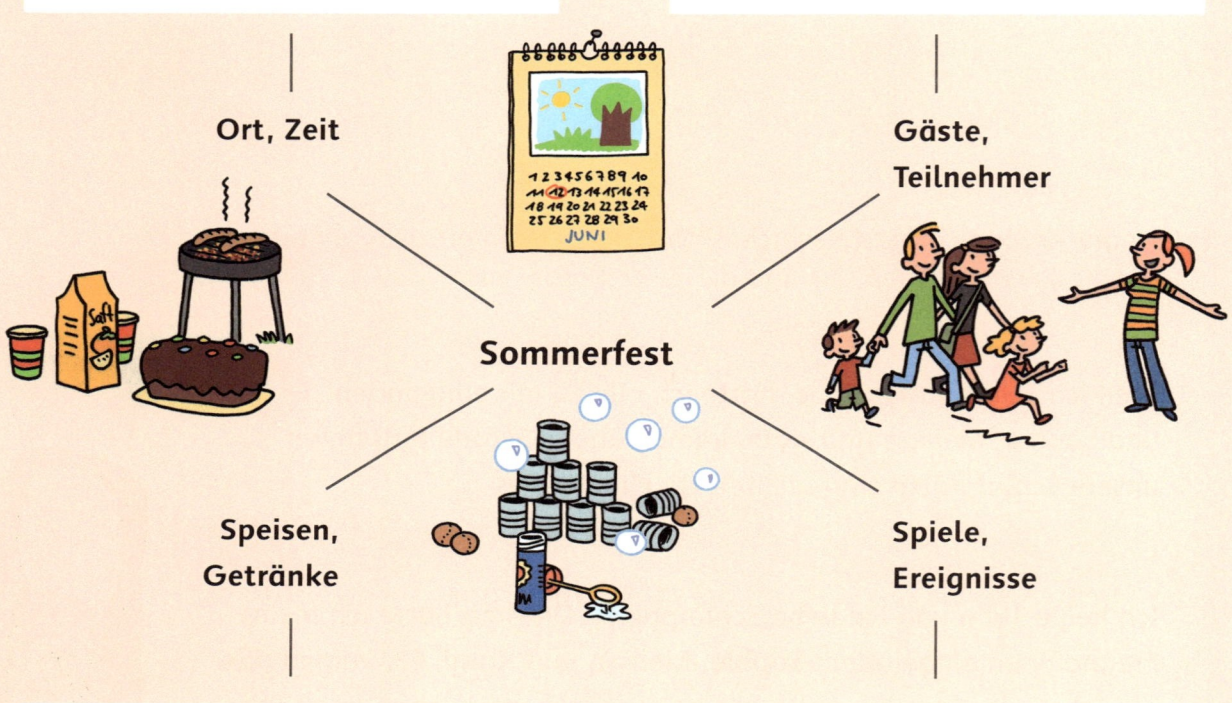

Ort, Zeit

Sommerfest

Gäste, Teilnehmer

Speisen, Getränke

Spiele, Ereignisse

DU ICH

2 Vergleiche mit deinem Partnerkind eure Stichwortsammlungen.
Einigt euch auf eine Lösung.

ICH

3 Schreibe deine Geschichte zum Thema Sommerfest in dein Heft.

G

4 Lies deine Geschichte in deiner Gruppe vor und sprecht darüber:
Was ist dir gut gelungen? Was kannst du noch überarbeiten?
Kreuze an:

☐ den Aufbau der Geschichte beachten
(Erzählsituation – Ereignis – Ausgang)

☐ die Geschichte lebendig und anschaulich gestalten
(passende Adjektive und Verben verwenden)

☐ wörtliche Rede verwenden

☐ unterschiedliche Satzanfänge wählen

5 Überlege dir selbst ein Thema für eine Geschichte.
Ergänze die Stichwortsammlung. Schreibe deine Geschichte.

Erzählende Texte sinnvoll aufbauen 2

1 Finde eine sinnvolle Reihenfolge für die Geschichte. Womit beginnt sie?
Wie geht sie aus? Was passiert dazwischen? Nummeriere.

☐ Jeder Tag war schön, aber ein Erlebnis werde ich nie vergessen. Wir machten eine Wattwanderung bei Ebbe und fanden viele schöne Muscheln.	☐ Glücklich machten wir uns nach zwei Wochen wieder auf den Rückweg.
☐ Aber wir mussten uns beeilen, denn das Wasser kam schnell wieder zurück.	☐ In den Ferien fuhren meine Eltern und ich an die Nordsee.

2 Schreibe die Geschichte auf. Du kannst auch andere Sätze
oder wörtliche Rede ergänzen. Male ein Bild dazu.

3 Verbinde die Anfänge von Geschichten mit den passenden wörtlichen Reden.

Mitten in der Nacht rüttelte meine Schwester an meinem Bett.

„Rate mal, wer gerade zu Besuch ist!", sagte sie.

An meinem Geburtstag wurde ich von meiner Mutter geweckt.

„Herzlichen Glückwunsch", rief sie und führte mich zum geschmückten Frühstückstisch.

Gestern Nachmittag rief meine Freundin an.

„Ich habe ein Geräusch gehört!", flüsterte sie ängstlich.

4 Wähle eine Geschichte aus. Schreibe sie zu Ende.

_____

_____

_____

_____

_____

_____

_____

5 Tragt eure Geschichten in der Klasse vor und gebt euch Rückmeldungen.

Wörtliche Rede in Geschichten

1 Lies die Geschichte.

Der kleine Ziegenbock wollte einmal genauso hoch klettern wie seine Mutter.
Er kletterte und kletterte und genoss die schöne Aussicht ganz oben. Doch dann
bekam er Angst. Seine Mutter riet ihm, mit den Hinterbeinen zuerst hinunterzusteigen.
Glücklich kam der kleine Ziegenbock schließlich wieder unten an.

2 Geschichten werden durch wörtliche Rede lebendiger.
Schreibe die Geschichte ab. Ergänze die wörtliche Rede an den passenden Stellen.

Er jammerte: „Jetzt bin ich schon so groß und
weiß immer noch nicht, wie schön die Aussicht
vom Felsen aus ist!"

Sie empfahl ihm: „Klettere rückwärts wieder
hinunter, das ist einfacher."

Begeistert rief er: „Oh, wie ist es schön hier oben!"

3 Lies die Geschichte.

Die beiden Mistkäfer Ding und Dung wollen die größte Mistkugel bauen, die die Welt jemals gesehen hat. ① Sie arbeiten drei Tage an der Kugel. Dann laden sie ihre Freunde ein, den Marienkäfer Egon und die Schnecke Ella. ② Bei der Vorführung zieht Ding mit viel Schwung das große Tuch von der Kugel. Plötzlich fängt die Kugel an zu wackeln. ③ Schließlich rollt sie den Hügel hinunter, immer schneller und schneller. Bald ist sie in der Ferne nicht mehr zu sehen.

ICH

4 Mache die Geschichte lebendiger.
Ergänze an den Stellen ① bis ③ wörtliche Rede. Denke an passende Redebegleitsätze, den Doppelpunkt und die Anführungszeichen.

① *Dung ruft:* „

②

③

5 Wie könnte die Geschichte zu Ende gehen? Überlege mit deinem Partnerkind.

6 Schreibe die Geschichte in dein Heft. Ergänze das Ende. Denke an die wörtliche Rede.

Texte überarbeiten

1 Lies die Geschichte.

Tom möchte das Rätsel im Magazin „Spaß für Kinder!"
lösen. Tom will den Ausflug in den Freizeitpark
gewinnen. Aber das Rätsel ist sehr schwer.
Das Rätsel besteht aus Bildern von Handzeichen.
Er fragt die anderen Kinder. Keiner weiß Rat,
außer Lara. „Ich kenne die Lösung!", ruft Lara.
Dann sagt sie: „Die Lösung heißt:
Viel Spaß im Freizeitpark!" Alle Kinder staunen.
Dann fragen alle Kinder: „Woher weißt du das?" Lara
lächelt und antwortet: „Die Bilder zeigen Gebärdensprache.
Die habe ich gelernt." Dann sagt Tom: „Wenn ich die Reise gewinne,
fahren wir zusammen!"

2 Überarbeite die Geschichte:
- Ersetze Dann durch unterschiedliche Satzanfänge.
- Ersetze diese Nomen durch Pronomen.

| Danach • Anschließend • Darauf | | sie • es • sie • er |

Tom möchte

3 Achtung, Fehler! Lies die Geschichte.

Auf dem volksfest gibt es eine schnelle Achterbahn.
die Kinder sind aufgeregt und wollen mitfahren.
Dimitri sagt: „Das wird toll!" Chiara schaut etwas
ängstlich. Chiara hat höhenangst. Chiaras Freund
Memet sagt zu ihr: „Ich möchte nicht so lange
anstehen. Ich möchte lieber mit den lustigen
Wackel-Fahrrädern fahren. Kommst du mit?"
Memet und Chiara haben viel Spaß auf den Fahrrädern.
Memet und Chiara lachen viel. Als Dimitri aus der achterbahn kommt,
sagt er: „Mir ist gar nicht gut." Er ist ein wenig grün im Gesicht.

4 Was musst du überarbeiten? Kreuze an.

☐ Unterschiedliche Satzanfänge wählen.

☐ Nomen großschreiben.

☐ Andere Verben aus dem Wortfeld **sagen** wählen.

☐ Sätze umstellen.

☐ Nomen durch Pronomen ersetzen.

☐ Satzanfänge großschreiben.

5 Überarbeite die Geschichte.

Gedichte

1 Der Zauberspruch hat Reimwörter wie ein Gedicht.
Setze die fehlenden Zeilen an den passenden Stellen ein.

Nimm Entenfedern, Löwenzahn

und einen _____

Sprich Hunke-Munke-Mops dabei

_____

Schmier dir die Nasenspitze ein

_____

Und schwebst du nun nicht in die Nacht –

_____

und mische einen dicken Brei.

und einen Löffel Lebertran

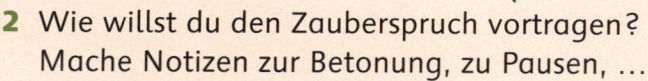
dann hast du was verkehrt gemacht.

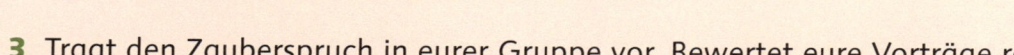
und stell dich in den Mondenschein.

ICH

2 Wie willst du den Zauberspruch vortragen?
Mache Notizen zur Betonung, zu Pausen, …

G

3 Tragt den Zauberspruch in eurer Gruppe vor. Bewertet eure Vorträge respektvoll.

4 Setze die Zeilen des Abzählreims passend zusammen.

Simsalabum

_____

Simsalabitz

_____

Simsalabein

_____

Simsalabaum

_____

Simsalabos

_____

Simsalabu

_____

was willst du sein?

was ist dein Traum?

dreh dich nicht um.

das ist kein Witz!

und raus bist du.

der Zauber geht los.

5 Denke dir selbst einen Zauberspruch aus. Die Reimwörter helfen dir.

bei – frei • her – schwer • Glück – zurück • krumm – herum • Schreck – weg

_____

_____

_____

_____

1. Jo-Jo-Seite

1 In jeder Reihe stehen drei Nomen.
Schreibe sie mit dem bestimmten Artikel auf.

Punkte
6

WIND KALT WAND GEFAHR REGNEN WARM LÄUFT
BLATT LAUB WEHT GLÄNZT DREHT HIMMEL FRISCH

2 Schreibe die Nomen für die Bilder mit dem bestimmten und
dem unbestimmten Artikel in die Tabelle.

Punkte
6

bestimmter Artikel	unbestimmter Artikel

3 Schreibe die Nomen mit dem bestimmten Artikel in der Einzahl
und Mehrzahl auf. Markiere, was sich in der Mehrzahl verändert hat.

Punkte
8

2. Jo-Jo-Seite

1 Lies das Gedicht.
Schreibe die Verben in der Grundform auf.
Achtung: Zwei Verben schreibst du zweimal.

Punkte
9

Wind, Wind blase,
im Feld sitzt ein Hase.
Er frisst den schönen, fetten Kohl.
Wer sucht das kleine Häschen wohl?
Wind, Wind blase.

Wind, Wind heule,
im Dach wohnt eine Eule.
Sie hockt auf einer Stange
und schaut zum Has' ganz bange.
Wind, Wind heule.

2 Setze die Verben in der richtigen Form ein.

Punkte
6

blasen • jagen • sitzen • ärgern • essen • fressen

Der Wind _____ ums Haus. Im Feld _____ ein Hase.

Ich _____ keinen Kohl. Der Hase _____ ihn gern.

Du _____ dich über das Wetter. Wir _____ den Blättern nach.

3 b oder p? g oder k? Setze die richtigen Buchstaben ein.

Punkte
12

er sin___t   sie trei___t   er stei___t   du blei___st

sie flie___t   er ja___t   du sa___st   es schwe___t

du fra___st   sie schie___t   er schrei___t   es zei___t

3. Jo-Jo-Seite

1 Unterstreiche im Text alle Adjektive.

König Drosselbart

Ein König hatte eine Tochter, die war wunderschön, aber dabei
so stolz und übermütig, dass ihr kein Freier gut genug war.
Einmal gab der König ein großes Fest und lud von überall
die heiratslustigen Männer ein. Sie wurden in einer langen Reihe
geordnet. Dann ward die Königstochter durch die Reihen
geführt, aber an jedem hatte sie etwas auszusetzen. Der eine war
zu dick. Der andere zu lang. Der Dritte zu kurz. Der Vierte zu blass.
Der Fünfte zu rot ... Besonders aber machte sie sich über einen
guten König lustig, dessen Kinn etwas krumm gewachsen war.
„Ei", rief sie und lachte, „der hat ein Kinn wie die Drossel einen
Schnabel!" Und so bekam er den Namen Drosselbart.

2 Verbinde die passenden Adjektive und Nomen.
Schreibe Wortgruppen, zum Beispiel: der dicke Prinz ...

gut	Kinn
groß	Prinzessin
lang	König
krumm	Fest
schön	Reihe

3 Bilde aus den Nomen mit Hilfe der Wortbausteine
-ig und **-lich** Adjektive.

Lust
Fest
Fleiß
Glück
Vorsicht
König

4. Jo-Jo-Seite

1 Bilde mit Hilfe der Wortbausteine **-ung**, **-heit** und **-keit** Nomen.
Schreibe die Nomen mit dem bestimmten Artikel auf.

tapfer • trennen • frech • steigen • krank • ernähren • ähnlich • klug • ehrlich

Nomen mit **-ung**	Nomen mit **-heit**	Nomen mit **-keit**

2 Welche Wortart bildet Nomen auf **-ung** und welche
auf **-heit** oder **-keit**? Ergänze den Satz.

_____ bilden Nomen auf **-ung** und

_____ bilden Nomen auf **-heit** oder **-keit**.

3 Markiere in den Wörtern das Dehnungs-h und den folgenden Konsonant.
Trage dann die Wörter mit Dehnungs-h in die passende Spalte der Tabelle ein.

Bahn   fahren   fehlen   zähmen   wohnen   Jahr

Sahne   Mehl   nehmen   Stuhl   rühren   Rahmen

hl

hm

hn

hr

5. Jo-Jo-Seite

1 Ergänze die passenden Pronomen auf den Kärtchen und im Text.

Punkte
8

Lena und Bastian sitzen am Computer. _____ wollen

ein neues Computerspiel ausprobieren. Lena schaltet das Gerät ein.

_____ drückt den Kopf am CD-Laufwerk. Bastian sucht inzwischen

die CD-ROM. _____ hat _____ gerade erst zum Geburtstag bekommen.

2 Setze die Verben in der richtigen Form ein.

Punkte
5

gewinnen • spielen • wählen • legen • lachen

Lena _____ die CD ein. Bastian _____ die Schwierigkeitsstufe.

Sie _____ gegen den Computer. Bastian _____ :

„Wir _____ , wir sind ein super Team!"

3 Unterstreiche im Text alle Wörter mit dem Wortstamm **KAUF/KÄUF**.

Punkte
9

Einkaufsbummel

Lena und Bastian gehen einkaufen. Sandra will als Erstes
ins Kaufhaus. Sie möchte ein Heft und einen Malkasten kaufen.
Die Verkäuferin packt alles in eine Einkaufstüte.
Bastian wartet, bis Lena ihre Einkäufe erledigt hat.

Dann gehen sie in den Blumenladen. Bastians Mutter hat
Geburtstag und er möchte ihre Lieblingsblumen kaufen.
Bastian hat seine alten Computerspiele verkauft. So hat er
genug Geld für einen schönen Blumenstrauß.

6. Jo-Jo-Seite

1 Sortiere die Stichworte für Sachtexte. Unterstreiche die Stichworte
für das Thema „Das Zwergkaninchen" blau,
für das Thema „Der Wellensittich" rot.

Auslauf in der Wohnung/im Garten   Frischkost (z. B. Apfel, Gurke)

flauschiges Fell   Freiflug in der Wohnung   Gefieder in verschiedenen Farben

Körnerfutter   Grünfutter (z. B. Brennnesseln, Löwenzahn)   schmaler, stufiger Schwanz

Gewicht ca. 20–40 g   Innenkäfig mit Häuschen   lange Schneidezähne

Gewicht ca. 1–2 kg   Streu   großer Käfig mit Sitzstangen

2 Wähle ein Tier aus Aufgabe 1.
Ergänze die Mind-Map mit richtigen Informationen.
Schreibe den Namen deines Tiers in die Mitte.

Merkmale

Ernährung

Haltung

3 Wie klingt das **V/v**? Ordne die Wörter.

Vase   Verein   viel   bravo   verwandt   Vulkan   voll   Vitamin

V wie bei Vogel:

V wie bei Vampir:

7. Jo-Jo-Seite

1 Sieh dir den Steckbrief bei Aufgabe 2 an.
Unterstreiche im Text Informationen, die für den Steckbrief wichtig sind.

Hast du schon einmal einen großen, schwarzbraunen Käfer gesehen,

der eine Art Geweih am Kopf trägt? Das kann ein männlicher

Hirschkäfer gewesen sein. Hirschkäfer sind die größten Käfer

Europas. Die Männchen werden bis zu neun Zentimeter lang, die Weibchen

bis zu fünf Zentimeter. Hirschkäfer kommen vor allem in Eichenwäldern vor.

Man findet sie aber auch in Gärten oder Parks. Sie ernähren sich von Säften aus Bäumen

und Früchten. Das braunrote Geweih der Männchen ist ihr stark vergrößerter Oberkiefer.

Hirschkäfer schlüpfen im Mai oder Juni.

2 Trage die Informationen aus dem Text richtig ein.

Name:

Größe:

Farbe:

Lebensraum:

Ernährung:

Schlupfzeit:

Besonderheit:

3 Schreibe die Merkwörter mit doppelten Vokalen auf.

8. Jo-Jo-Seite

1 Ordne die Satzglieder zu sinnvollen Sätzen.

Punkte 9

Nico | ein Aquarium | im Zimmer | hat

er | darin | hält | viele verschiedene Fische

regelmäßig | Nico | die Fische | versorgt

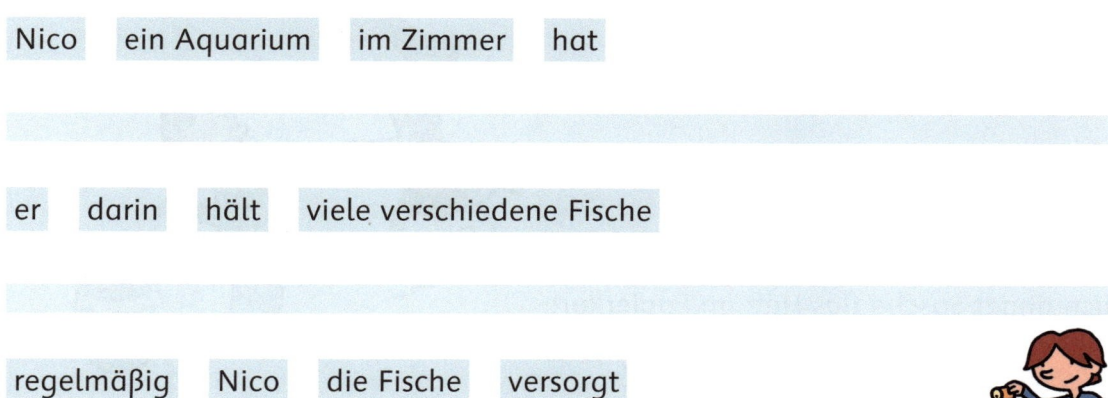

2 Stelle den Satz zweimal um. Schreibe die zwei Möglichkeiten auf.

Punkte 2

Tagsüber | sitzt | der Frosch | gern | auf einem Seerosenblatt.

3 Sprich die Nomen zu den Bildern deutlich. Wie viele Konsonanten hörst du nach dem kurzen Vokal oder Umlaut?
Schreibe dann die Wörter auf. Entscheide: zwei verschiedene Konsonanten oder Doppelkonsonant?

Punkte 10

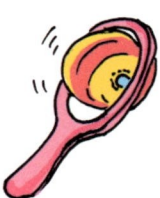    

9. Jo-Jo-Seite

1 Unterstreiche in den Sätzen das Prädikat rot.

Alisa sucht ihr Heft.

Die Kinder der Klasse 3b helfen ihr dabei.

Lara öffnet Alisas Schultasche.

Das Heft steckt nicht darin.

Schließlich findet Sascha das Heft im Papierkorb.

Alisa staunt.

2 Finde zu den Satzgliedern passende Prädikate und Subjekte.
Schreibe die Sätze auf.
Unterstreiche in jedem Satz das Prädikat rot.

 nach dem Unfall an Gehstützen   treffen   Lea

am Sonntag ihren Papa    fahren   Ben

mit dem Bus zum Zoo    gehen   Die Kinder

10. Jo-Jo-Seite

1 Bilde aus den Vorsilben und den Verben neue Verben.

Punkte
10

| be- | ab- | um- | vor- | auf- |

stellen:

fahren:

Punkte
12

2 Setze die Verben in der Gegenwart und in der 1. Vergangenheit ein.

lernen • gehen • unterrichten • haben • helfen • hüten

Heute _____ alle Kinder lesen. Sie _____ auch

regelmäßig zur Schule. In der Schule _____

ein Lehrer eine Klasse in einem Klassenraum. Zum Spielen

_____ die Kinder genügend Zeit. Nur wenige _____

den Eltern zu Hause oder _____ kleine Geschwister.

Früher _____ nicht alle Kinder lesen. Sie _____ auch

nicht regelmäßig zur Schule. In der Schule _____

ein Lehrer mehrere Klassen in einem Klassenraum. Zum Spielen

_____ die Kinder nur wenig Zeit. Sie _____

den Eltern auf dem Feld oder _____ kleine Geschwister.

11. Jo-Jo-Seite

1 Lies die Texte.
Kreuze bei jeder Aussage an, ob sie richtig oder falsch ist.

Punkte 4

Die Libellen sind nützliche Raubinsekten. Sie und ihre im Wasser lebenden Larven vertilgen Fliegen, Stechmücken und deren Larven.

Libellen können in der Luft stehen bleiben und sogar rückwärts fliegen.

Eine besondere Art der Wespen sind die Papierwespen.

Ihre kugeligen Nester bestehen aus papierartigem Stoff, den sie aus Holzfasern und Speichel herstellen.
In einem solchen Wespennest leben bis zu dreitausend Tiere.

	richtig	falsch
Libellen können rückwärts fliegen.		
Libellen werden oft von Stechmücken angegriffen.		
Papierwespen stellen kugelige Nester her.		
Das Wespennest ist aus Gras und Blättern gebaut.		

2 Bilde zusammengesetzte Nomen.
Schreibe sie mit dem bestimmten Artikel auf.

Punkte 10

turnen + Schuhe   Garten + Bank   dick + Milch   lesen + Buch   Haus + Tür

3 Markiere die beiden Wortfamilien mit unterschiedlichen Farben.

Punkte 8

| Wahl | fehlen | Fehler | wählerisch |

| Fehlpass | Wahllokal | wählen | fehlerfrei |

12. Jo-Jo-Seite

1 Lies den Text.
Kreuze bei jeder Aussage an, ob sie richtig oder falsch ist.

Punkte
8

Friedensreich Hundertwasser war ein berühmter Maler, der eigentlich
Friedrich Stowasser hieß. Er wurde am 15.12.1928 in Wien geboren.
Er nannte sich auch gern „Dunkelbunt". Friedrichs Lehrer in der Schule
lobten seine Freude am Malen und seinen Umgang mit Farben.
Seine Mutter wollte jedoch auf keinen Fall, dass ihr Sohn Maler wurde.
Nach dem Zweiten Weltkrieg reiste er durch viele Länder. Er bewunderte
die schönen Landschaften und beschloss, trotzdem Maler zu werden.
Als er 22 Jahre alt war, gab er sich einen neuen Namen: Aus Friedrich
wurde Friedensreich und aus Stowasser wurde Hundertwasser.
„Sto" bedeutet in slawischen Sprachen „hundert".
Hundertwasser malte und malte
und dachte sich auch Häuser aus
wie ein richtiger Architekt, obwohl
er nie Architektur studiert hatte.
Seine Häuser sind wie seine Bilder:
fröhlich und bunt. In Wittenberg
gibt es sogar eine Schule –
die Hundertwasser-Schule.
Friedensreich Hundertwasser
starb im Jahr 2000.

	richtig	falsch
Friedensreich Hundertwasser war von Beruf Maler.		
Er nannte sich auch Dunkelpunkt.		
Er wurde in Wien geboren.		
Seine Mutter wollte, dass er Maler wird.		
Er reiste durch viele Länder.		
Hundertwasser studierte Architektur.		
Die Hundertwasser-Schule steht in Stuttgart.		
Hundertwasser malte Bilder und entwarf Häuser.		

Kontrollblätter zu den Jo-Jo-Seiten

1. Jo-Jo-Seite

1 In jeder Reihe stehen drei Nomen. *Punkte 6*
Schreibe sie mit dem bestimmten Artikel auf.

WIND KALT WAND GEFAHR REGNEN WARM LÄUFT
BLATT LAUB WEHT GLÄNZT DREHT HIMMEL FRISCH

der Wind, die Wand, die Gefahr,
das Blatt, das Laub, der Himmel

2 Schreibe die Nomen für die Bilder mit dem bestimmten und *Punkte 6*
dem unbestimmten Artikel in die Tabelle.

bestimmter Artikel	unbestimmter Artikel
die Kastanie	*eine Kastanie*
der Schirm	*ein Schirm*
die Wolke	*eine Wolke*
die Mütze	*eine Mütze*
der Drachen	*ein Drachen*
die Martinslaterne	*eine Martinslaterne*

3 Schreibe die Nomen mit dem bestimmten Artikel in der Einzahl *Punkte 8*
und Mehrzahl auf. Markiere, was sich in der Mehrzahl verändert hat.

das Haus, die Häuser, das Blatt, die Blätter,
der Baum, die Bäume, das Buch, die Bücher

2. Jo-Jo-Seite

1 Lies das Gedicht. *Punkte 9*
Schreibe die Verben in der Grundform auf.
Achtung: Zwei Verben schreibst du zweimal.

Wind, Wind blase,
im Feld sitzt ein Hase.
Er frisst den schönen, fetten Kohl.
Wer sucht das kleine Häschen wohl?
Wind, Wind blase.

Wind, Wind heule,
im Dach wohnt eine Eule.
Sie hockt auf einer Stange
und schaut zum Has' ganz bange.
Wind, Wind heule.

blasen, sitzen, fressen, suchen,
blasen, heulen, wohnen, hocken,
schauen, heulen

2 Setze die Verben in der richtigen Form ein. *Punkte 6*

blasen • jagen • sitzen • ärgern • essen • fressen

Der Wind *bläst* ums Haus. Im Feld *sitzt* ein Hase.

Ich *esse* keinen Kohl. Der Hase *frisst* ihn gern.

Du *ärgerst* dich über das Wetter. Wir *jagen* den Blättern nach.

3 b oder p? g oder k? Setze die richtigen Buchstaben ein. *Punkte 12*

er sin*g*t   sie trei*b*t   er stei*g*t   du blei*b*st

sie flie*g*t   er ja*g*t   du sa*g*st   es schwe*b*t

du fra*g*st   sie schie*b*t   er schrei*b*t   es zei*g*t

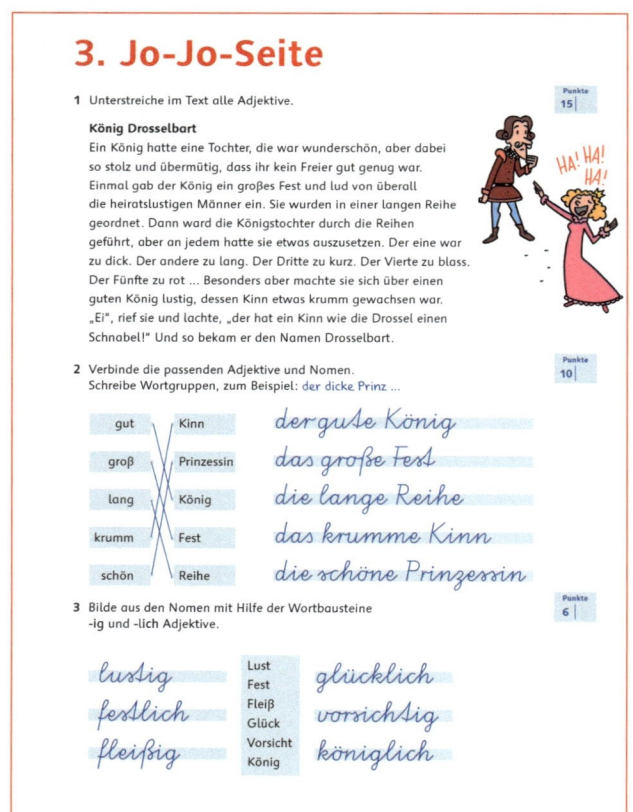

3. Jo-Jo-Seite

1 Unterstreiche im Text alle Adjektive. *Punkte 15*

König Drosselbart

Ein König hatte eine Tochter, die war wunderschön, aber dabei
so stolz und übermütig, dass ihr kein Freier gut genug war.
Einmal gab der König ein großes Fest und lud von überall
die heiratslustigen Männer ein. Sie wurden in einer langen Reihe
geordnet. Dann ward die Königstochter durch die Reihen
geführt, aber an jedem hatte sie etwas auszusetzen. Der eine war
zu dick. Der andere zu lang. Der Dritte zu kurz. Der Vierte zu blass.
Der Fünfte zu rot ... Besonders aber machte sie sich über einen
guten König lustig, dessen Kinn etwas krumm gewachsen war.
„Ei", rief sie und lachte, „der hat ein Kinn wie die Drossel einen
Schnabel!" Und so bekam er den Namen Drosselbart.

2 Verbinde die passenden Adjektive und Nomen. *Punkte 10*
Schreibe Wortgruppen, zum Beispiel: der dicke Prinz ...

gut	Kinn
groß	Prinzessin
lang	König
krumm	Fest
schön	Reihe

der gute König
das große Fest
die lange Reihe
das krumme Kinn
die schöne Prinzessin

3 Bilde aus den Nomen mit Hilfe der Wortbausteine *Punkte 6*
-ig und -lich Adjektive.

lustig   Lust
festlich   Fest   *glücklich*
    Fleiß
fleißig   Glück   *vorsichtig*
    Vorsicht
    König   *königlich*

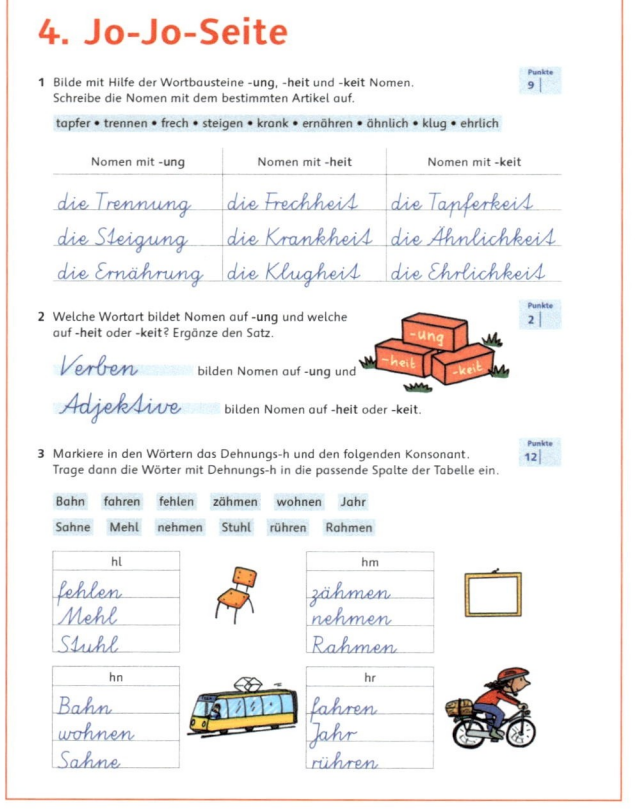

4. Jo-Jo-Seite

1 Bilde mit Hilfe der Wortbausteine -ung, -heit und -keit Nomen. *Punkte 9*
Schreibe die Nomen mit dem bestimmten Artikel auf.

tapfer • trennen • frech • steigen • krank • ernähren • ähnlich • klug • ehrlich

Nomen mit -ung	Nomen mit -heit	Nomen mit -keit
die Trennung	*die Frechheit*	*die Tapferkeit*
die Steigung	*die Krankheit*	*die Ähnlichkeit*
die Ernährung	*die Klugheit*	*die Ehrlichkeit*

2 Welche Wortart bildet Nomen auf -ung und welche *Punkte 2*
auf -heit oder -keit? Ergänze den Satz.

Verben bilden Nomen auf -ung und

Adjektive bilden Nomen auf -heit oder -keit.

3 Markiere in den Wörtern das Dehnungs-h und den folgenden Konsonant. *Punkte 12*
Trage dann die Wörter mit Dehnungs-h in die passende Spalte der Tabelle ein.

Bahn   fahren   fehlen   zähmen   wohnen   Jahr
Sahne   Mehl   nehmen   Stuhl   rühren   Rahmen

hl	hm
fehlen	*zähmen*
Mehl	*nehmen*
Stuhl	*Rahmen*

hn	hr
Bahn	*fahren*
wohnen	*Jahr*
Sahne	*rühren*

Kontrollblätter zu den Jo-Jo-Seiten

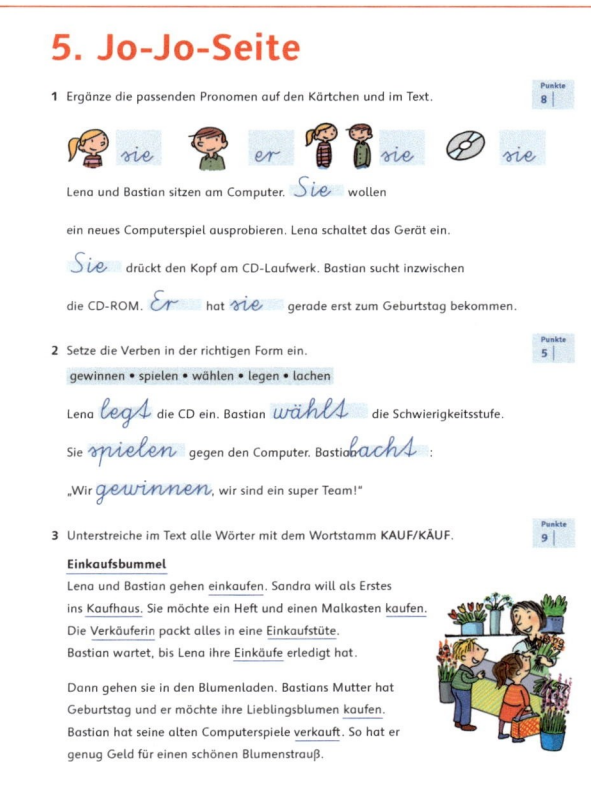

5. Jo-Jo-Seite

1 Ergänze die passenden Pronomen auf den Kärtchen und im Text. **Punkte 8**

sie | er | sie | sie

Lena und Bastian sitzen am Computer. **Sie** wollen

ein neues Computerspiel ausprobieren. Lena schaltet das Gerät ein.

Sie drückt den Kopf am CD-Laufwerk. Bastian sucht inzwischen

die CD-ROM. **Er** hat **sie** gerade erst zum Geburtstag bekommen.

2 Setze die Verben in der richtigen Form ein. **Punkte 5**

gewinnen • spielen • wählen • legen • lachen

Lena **legt** die CD ein. Bastian **wählt** die Schwierigkeitsstufe.

Sie **spielen** gegen den Computer. Bastian **lacht**:

„Wir **gewinnen**, wir sind ein super Team!"

3 Unterstreiche im Text alle Wörter mit dem Wortstamm KAUF/KÄUF. **Punkte 9**

Einkaufsbummel

Lena und Bastian gehen einkaufen. Sandra will als Erstes
ins Kaufhaus. Sie möchte ein Heft und einen Malkasten kaufen.
Die Verkäuferin packt alles in eine Einkaufstüte.
Bastian wartet, bis Lena ihre Einkäufe erledigt hat.

Dann gehen sie in den Blumenladen. Bastians Mutter hat
Geburtstag und er möchte ihre Lieblingsblumen kaufen.
Bastian hat seine alten Computerspiele verkauft. So hat er
genug Geld für einen schönen Blumenstrauß.

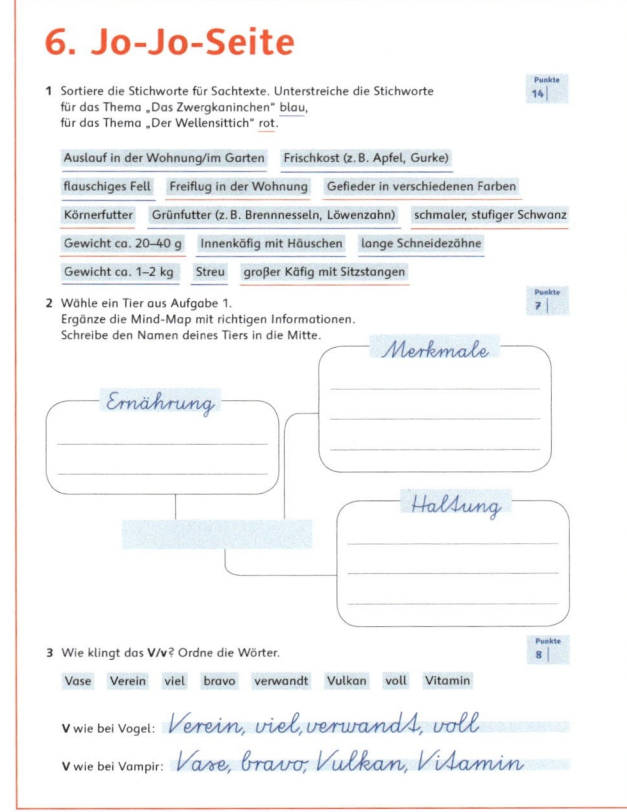

6. Jo-Jo-Seite

1 Sortiere die Stichworte für Sachtexte. Unterstreiche die Stichworte für das Thema „Das Zwergkaninchen" <u>blau</u>, für das Thema „Der Wellensittich" <u>rot</u>. **Punkte 14**

Auslauf in der Wohnung/im Garten   Frischkost (z. B. Apfel, Gurke)

flauschiges Fell   Freiflug in der Wohnung   Gefieder in verschiedenen Farben

Körnerfutter   Grünfutter (z. B. Brennnesseln, Löwenzahn)   schmaler, stufiger Schwanz

Gewicht ca. 20–40 g   Innenkäfig mit Häuschen   lange Schneidezähne

Gewicht ca. 1–2 kg   Streu   großer Käfig mit Sitzstangen

2 Wähle ein Tier aus Aufgabe 1. Ergänze die Mind-Map mit richtigen Informationen. Schreibe den Namen deines Tiers in die Mitte. **Punkte 7**

Merkmale

Ernährung

Haltung

3 Wie klingt das **V/v**? Ordne die Wörter. **Punkte 8**

Vase   Verein   viel   bravo   verwandt   Vulkan   voll   Vitamin

V wie bei Vogel: *Verein, viel, verwandt, voll*

V wie bei Vampir: *Vase, bravo, Vulkan, Vitamin*

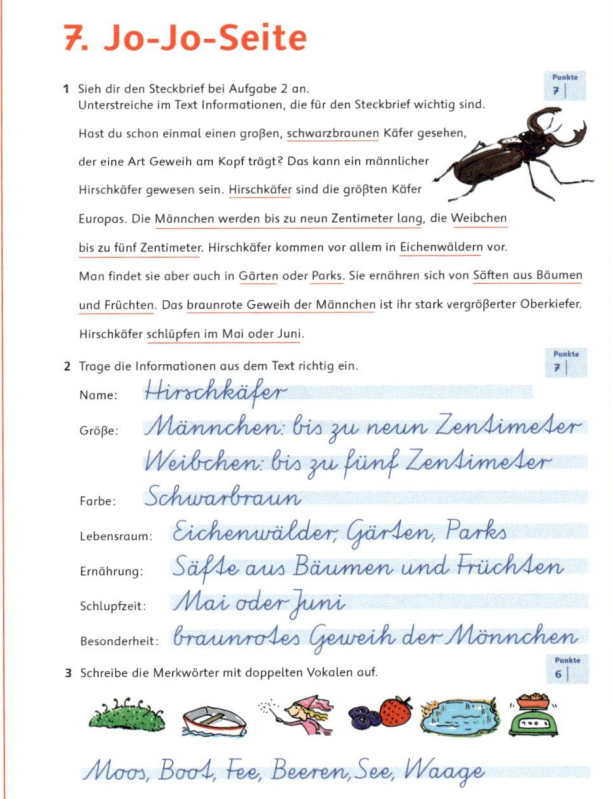

7. Jo-Jo-Seite

1 Sieh dir den Steckbrief bei Aufgabe 2 an. Unterstreiche im Text Informationen, die für den Steckbrief wichtig sind. **Punkte 7**

Hast du schon einmal einen großen, schwarzbraunen Käfer gesehen,
der eine Art Geweih am Kopf trägt? Das kann ein männlicher
Hirschkäfer gewesen sein. Hirschkäfer sind die größten Käfer
Europas. Die Männchen werden bis zu neun Zentimeter lang, die Weibchen
bis zu fünf Zentimeter. Hirschkäfer kommen vor allem in Eichenwäldern vor.
Man findet sie aber auch in Gärten oder Parks. Sie ernähren sich von Säften aus Bäumen
und Früchten. Das braunrote Geweih der Männchen ist ihr stark vergrößerter Oberkiefer.
Hirschkäfer schlüpfen im Mai oder Juni.

2 Trage die Informationen aus dem Text richtig ein. **Punkte 7**

Name: *Hirschkäfer*

Größe: *Männchen: bis zu neun Zentimeter*
Weibchen: bis zu fünf Zentimeter

Farbe: *Schwarzbraun*

Lebensraum: *Eichenwälder, Gärten, Parks*

Ernährung: *Säfte aus Bäumen und Früchten*

Schlupfzeit: *Mai oder Juni*

Besonderheit: *braunrotes Geweih der Männchen*

3 Schreibe die Merkwörter mit doppelten Vokalen auf. **Punkte 6**

Moos, Boot, Fee, Beeren, See, Waage

8. Jo-Jo-Seite

1 Ordne die Satzglieder zu sinnvollen Sätzen. **Punkte 9**

Nico   ein Aquarium   im Zimmer   hat

Nico hat ein Aquarium im Zimmer.

er   darin   hält   viele verschiedene Fische

Darin hält er viele verschiedene Fische.

regelmäßig   Nico   die Fische   versorgt

Nico versorgt die Fische regelmäßig.

2 Stelle den Satz zweimal um. Schreibe die zwei Möglichkeiten auf. **Punkte 2**

Tagsüber   sitzt   der Frosch   gern   auf einem Seerosenblatt

1. Der Frosch sitzt tagsüber gern auf einem
Seerosenblatt. 2. Auf einem Seerosenblatt
sitzt der Frosch tagsüber gern.

3 Sprich die Nomen zu den Bildern deutlich. Wie viele Konsonanten hörst du nach dem kurzen Vokal oder Umlaut? Schreibe dann die Wörter auf. Entscheide: zwei verschiedene Konsonanten oder Doppelkonsonant? **Punkte 10**

Rassel   Lampe   Würfel   Sonne   Löffel

Kontrollblätter zu den Jo-Jo-Seiten

9. Jo-Jo-Seite

1 Unterstreiche in den Sätzen das Prädikat rot.   Punkte 6

Alisa <u>sucht</u> ihr Heft.

Die Kinder der Klasse 3b <u>helfen</u> ihr dabei.

Lara <u>öffnet</u> Alisas Schultasche.

Das Heft <u>steckt</u> nicht darin.

Schließlich <u>findet</u> Sascha das Heft im Papierkorb.

Alisa <u>staunt</u>.

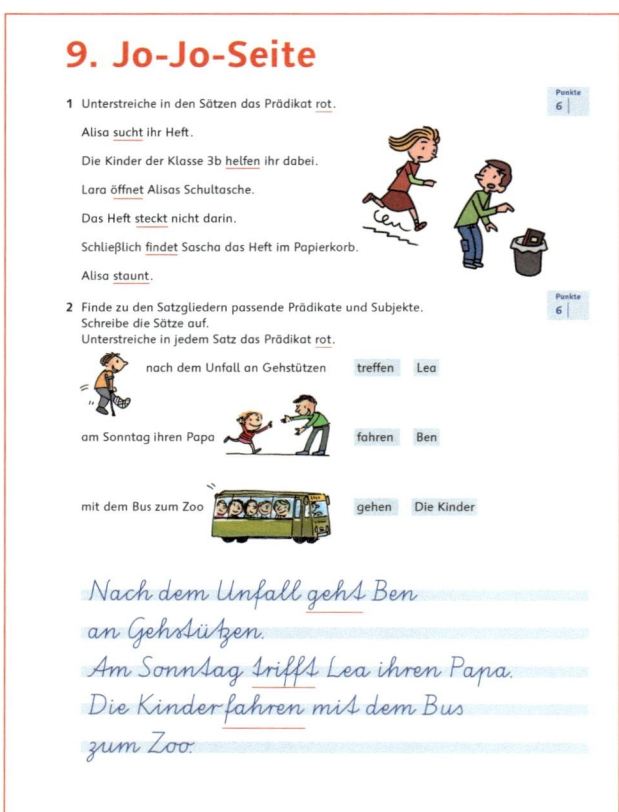

2 Finde zu den Satzgliedern passende Prädikate und Subjekte. Schreibe die Sätze auf. Unterstreiche in jedem Satz das Prädikat rot.   Punkte 6

nach dem Unfall an Gehstützen   treffen   Lea

am Sonntag ihren Papa   fahren   Ben

mit dem Bus zum Zoo   gehen   Die Kinder

Nach dem Unfall geht Ben an Gehstützen.
Am Sonntag trifft Lea ihren Papa.
Die Kinder fahren mit dem Bus zum Zoo.

10. Jo-Jo-Seite

1 Bilde aus den Vorsilben und den Verben neue Verben.   Punkte 10

be-   ab-   um-   vor-   auf-

stellen: *bestellen, abstellen, umstellen, vorstellen, aufstellen*

fahren: *befahren, abfahren, umfahren, vorfahren, auffahren*

2 Setze die Verben in der Gegenwart und in der 1. Vergangenheit ein.   Punkte 12

lernen • gehen • unterrichten • haben • helfen • hüten

Heute *lernen* alle Kinder lesen. Sie *gehen* auch regelmäßig zur Schule. In der Schule *unterrichtet* ein Lehrer eine Klasse in einem Klassenraum. Zum Spielen *haben* die Kinder genügend Zeit. Nur wenige *helfen* den Eltern zu Hause oder *hüten* kleine Geschwister.

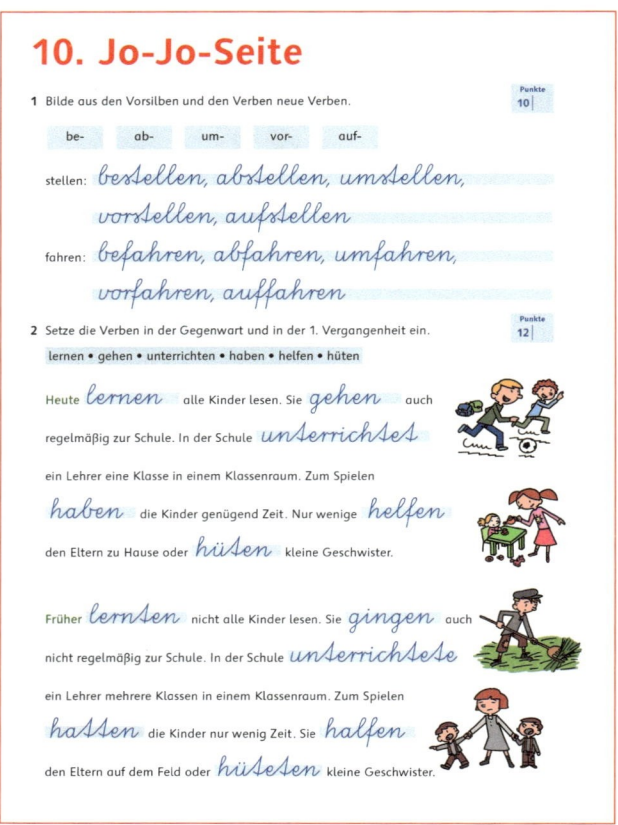

Früher *lernten* nicht alle Kinder lesen. Sie *gingen* auch nicht regelmäßig zur Schule. In der Schule *unterrichtete* ein Lehrer mehrere Klassen in einem Klassenraum. Zum Spielen *hatten* die Kinder nur wenig Zeit. Sie *halfen* den Eltern auf dem Feld oder *hüteten* kleine Geschwister.

11. Jo-Jo-Seite

1 Lies die Texte. Kreuze bei jeder Aussage an, ob sie richtig oder falsch ist.   Punkte 4

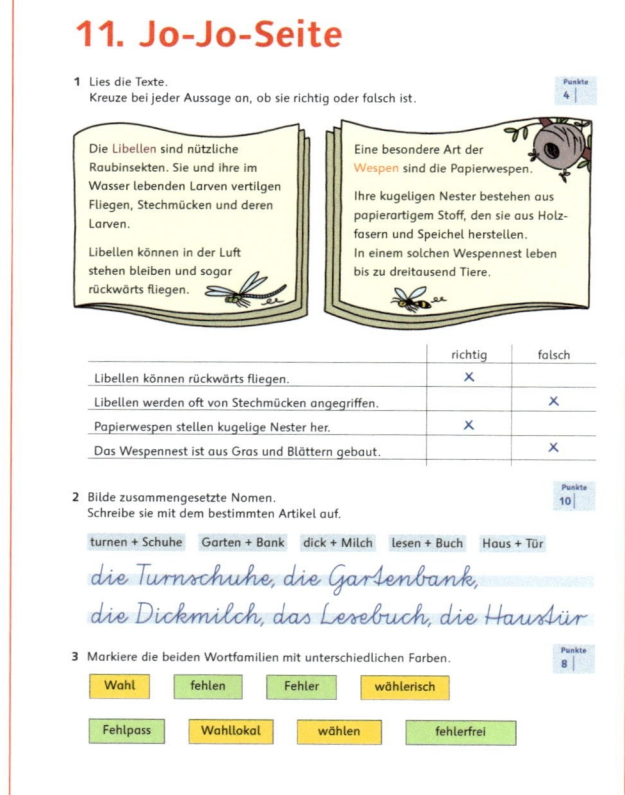

Die Libellen sind nützliche Raubinsekten. Sie und ihre im Wasser lebenden Larven vertilgen Fliegen, Stechmücken und deren Larven.

Libellen können in der Luft stehen bleiben und sogar rückwärts fliegen.

Eine besondere Art der Wespen sind die Papierwespen.

Ihre kugeligen Nester bestehen aus papierartigem Stoff, den sie aus Holzfasern und Speichel herstellen. In einem solchen Wespennest leben bis zu dreitausend Tiere.

	richtig	falsch
Libellen können rückwärts fliegen.	X	
Libellen werden oft von Stechmücken angegriffen.		X
Papierwespen stellen kugelige Nester her.	X	
Das Wespennest ist aus Gras und Blättern gebaut.		X

2 Bilde zusammengesetzte Nomen. Schreibe sie mit dem bestimmten Artikel auf.   Punkte 10

turnen + Schuhe   Garten + Bank   dick + Milch   lesen + Buch   Haus + Tür

die Turnschuhe, die Gartenbank, die Dickmilch, das Lesebuch, die Haustür

3 Markiere die beiden Wortfamilien mit unterschiedlichen Farben.   Punkte 8

Wahl   fehlen   Fehler   wählerisch

Fehlpass   Wahllokal   wählen   fehlerfrei

12. Jo-Jo-Seite

1 Lies den Text. Kreuze bei jeder Aussage an, ob sie richtig oder falsch ist.   Punkte 8

Friedensreich Hundertwasser war ein berühmter Maler, der eigentlich Friedrich Stowasser hieß. Er wurde am 15.12.1928 in Wien geboren. Er nannte sich auch gern „Dunkelbunt". Friedrichs Lehrer in der Schule lobten seine Freude am Malen und seinen Umgang mit Farben. Seine Mutter wollte jedoch auf keinen Fall, dass ihr Sohn Maler wurde. Nach dem Zweiten Weltkrieg reiste er durch viele Länder. Er bewunderte die schönen Landschaften und beschloss, trotzdem Maler zu werden. Als er 22 Jahre alt war, gab er sich einen neuen Namen: Aus Friedrich wurde Friedensreich und aus Stowasser wurde Hundertwasser. „Sto" bedeutet in slawischen Sprachen „hundert". Hundertwasser malte und malte und dachte sich auch Häuser aus wie ein richtiger Architekt, obwohl er nie Architektur studiert hatte. Seine Häuser sind wie seine Bilder: fröhlich und bunt. In Wittenberg gibt es sogar eine Schule – die Hundertwasser-Schule. Friedensreich Hundertwasser starb im Jahr 2000.

	richtig	falsch
Friedensreich Hundertwasser war von Beruf Maler.	X	
Er nannte sich auch Dunkelpunkt.		X
Er wurde in Wien geboren.	X	
Seine Mutter wollte, dass er Maler wird.		X
Er reiste durch viele Länder.	X	
Hundertwasser studierte Architektur.		X
Die Hundertwasser-Schule steht in Stuttgart.		X
Hundertwasser malte Bilder und entwarf Häuser.	X	

Wörterliste

A/a

ab
der Abend, die Abende
abends
ähnlich
allein
alt, älter
am
an
andere
der Anfang, die Anfänge
anfangen, er fängt an,
    er fing an
ängstlich
der Apfel, die Äpfel
der April
arbeiten, er arbeitet
ärgerlich
der Arm, die Arme
der Arzt, die Ärzte
der Ast, die Äste
aufpassen, sie passt auf
aufstehen, sie steht auf,
    er stand auf
das Auge, die Augen
der August
außer
das Auto, die Autos

B/b

das Baby, die Babys
backen, sie backt
der Bäcker, die Bäcker
das Bad, die Bäder
baden, er badet
die Bahn, die Bahnen
bald
der Ball, die Bälle
der Ballon, die Ballons
das Band, die Bänder
die Bank, die Bänke
basteln, sie bastelt

bauen, sie baut
der Bauer, die Bauern
der Baum, die Bäume
die Beere, die Beeren
das Beet, die Beete
beide
beißen, er beißt, er biss
das Beispiel, die Beispiele
beobachten,
    er beobachtet
der Berg, die Berge
der Bericht, die Berichte
berichten, sie berichtet
besser
bestellen, er bestellt
am besten
der Besuch, die Besuche
besuchen, er besucht
das Bett, die Betten
bezahlen, sie bezahlt
das Bild, die Bilder
bilden, sie bildet
der Bildschirm
billig
bin
bis
du **bist**
bitten, sie bittet
das Blatt, die Blätter
bleiben, er bleibt,
    er blieb
der Blitz, die Blitze
blitzen, es blitzt
blühen, sie blüht
die Blume, die Blumen
die Blüte, die Blüten
der Boden, die Böden
das Boot, die Boote
böse
brauchen, sie braucht
braun
brav
breit

brennen, es brennt,
    es brannte
der Brief, die Briefe
die Brille, die Brillen
bringen, er bringt,
    er brachte
das Brot, die Brote
die Brücke, die Brücken
der Bruder, die Brüder
brummen, sie brummt
das Buch, die Bücher
bunt
der Bus, die Busse
die Butter

C/c

der Christ, die Christen
der Computer, die Computer

D/d

danken, sie dankt
dann
darauf
darüber
dein, deinem, deinen
dem
den
denken, sie denkt,
    sie dachte
denn
deutsch, deutsche,
    deutsches
Deutschland
der Dezember
dick
dies, diesem, diesen
das Ding, die Dinger
dir
donnern, es donnert
das Dorf, die Dörfer
dort
der Drache, die Drachen

draußen
drehen, er dreht
drei
drucken, er druckt
dumm, dümmer
dunkel
dünn
durch
dürfen, er darf, er durfte

E/e

die Ecke, die Ecken
eckig
ehrlich
das Ei, die Eier
ein, einem, einen
einige
einmal
die Eltern
eng
entdecken, sie entdeckt
die Erde
erklären, er erklärt
erlauben, sie erlaubt
das Erlebnis, die Erlebnisse
ernten, er erntet
**erschrecken, er erschrickt,
   er erschrak**
erst, erste
erzählen, sie erzählt
essen, er isst, er aß
etwas
euch
euer, eure, eurem, euren

F/f

fahren, sie fährt, sie fuhr
das Fahrrad, die Fahrräder
die Fahrt, die Fahrten
fallen, er fällt, er fiel
falsch
die Familie, die Familien
fangen, sie fängt, sie fing
fassen, er fasst

der Februar
fehlen, sie fehlt
der Fehler, die Fehler
die Feier, die Feiern
feiern, er feiert
das Feld, die Felder
das Fenster, die Fenster
die Ferien
fernsehen, er sieht fern,
   er sah fern
fertig
fest
das Fest, die Feste
festlich
feucht
das Feuer, die Feuer
finden, er findet, er fand
der Finger, die Finger
der Fisch, die Fische
die Flasche, die Flaschen
das Fleisch
der Fleiß
fleißig
fliegen, sie fliegt, er flog
fort
die Frage, die Fragen
fragen, er fragt
die Frau, die Frauen
die Freizeit, die Freizeiten
fremd
fressen, es frisst, es fraß
sich freuen, sie freut sich
der Freund, die Freunde
die Freundin, die Freundinnen
freundlich
frieren, er friert, er fror
frisch
froh
fröhlich
früh, früher
der Frühling
der Fuchs, die Füchse
der Fuß, die Füße
der Fußball, die Fußbälle
das Futter
füttern, sie füttert

G/g

ganz, ganzem, ganzen
der Garten, die Gärten
geben, er gibt, sie gab
der Geburtstag,
   die Geburtstage
gefährlich
gefallen, er gefällt,
   er gefiel
gegen
gehen, er geht, sie ging
gehören, es gehört
gelb
das Geld, die Gelder
genau, genauer
genug
gerade
gern
**die Geschichte,
   die Geschichten**
das Gesicht, die Gesichter
gestern
gesund
gewinnen, er gewinnt,
   er gewann
das Gewitter, die Gewitter
glänzen, sie glänzt
das Glas, die Gläser
glatt
gleich
das Glück
glücklich
graben, er gräbt, er grub
das Gras, die Gräser
gratulieren, er gratuliert
groß
die Größe, die Größen
grün
die Gruppe, die Gruppen
gruselig
der Gruß, die Grüße
grüßen, sie grüßt
die Gurke, die Gurken

H/h

das Haar, die Haare
    haben, du hast, er hat
der Hahn, die Hähne
der Hals, die Hälse
    halten, sie **hält,** sie **hielt**
die Hand, die Hände
das Handy, die Handys
    hängen, es hängt, es hing
    hart
sie hatte
das Haus, die Häuser
    heben, sie hebt, er hob
das Heft, die Hefte
    heilig
    heiß
    heißen, er **heißt,** er **hieß**
    helfen, sie **hilft,** sie **half**
    hell
    heraus
der Herbst
    herein
der Herr, die Herren
das Herz, die Herzen
    heute
    hier
der Himmel
    hin
    hinaus
    hinein
das Hobby, die Hobbys
    hoch, hohe, höher
der Hof, die Höfe
    hohl
die Höhle, die Höhlen
    holen, er holt
das Holz, die Hölzer
die Homepage
    hören, er hört
die Hose, die Hosen
der Hund, die Hunde
    hungrig
    hüpfen, sie hüpft

I/i

der Igel, die Igel
    ihm
    ihn
    ihnen
    ihr, ihre, ihrem, ihren
    im
    immer
    in
die Information,
        die Informationen
der Inliner, die Inliner
    ins

J/j

die Jacke, die Jacken
    jagen, er jagt
der Jäger, die Jäger
das Jahr, die Jahre
der Januar
    jede, jeder, jedem, jeden
    jetzt
der Juli
der Junge, die Jungen
der Juni

K/k

der Käfer, die Käfer
der Kaffee
der Käfig, die Käfige
    kalt
der Kamm, die Kämme
    kämmen, sie kämmt
die Kanne, die Kannen
die Karte, die Karten
die Kartoffel, die Kartoffeln
die Katze, die Katzen
    kaufen, er **kauft**
    kein, keinem, keinen
    kennen, er kennt,
        sie kannte
die Kerze, die Kerzen
die Kette, die Ketten

das Kind, die Kinder
    kippen, es kippt
der Kirchturm, die Kirchtürme
die Klasse, die Klassen
das Kleid, die Kleider
    klein
    klettern, er klettert
    klopfen, sie klopft
der Koffer, die Koffer
    kommen, er **kommt,**
        sie **kam**
    können, sie **kann,**
        sie **konnte**
der Kopf, die Köpfe
der Korb, die Körbe
    krank
der Kreis, die Kreise
    kriechen, er kriecht,
        er kroch
die Küche, die Küchen
der Kuchen, die Kuchen
die Kuh, die Kühe
    kühl
    kurz

L/l

    lachen, er **lacht**
der Laib, die Laibe
die Lampe, die Lampen
das Land, die Länder
    lang, länger
    langsam
    langweilig
    lassen, sie **lässt,** sie **ließ**
das Laub
    laufen, er **läuft,** sie **lief**
    laut
    leben, sie lebt
    lecken, er leckt
    lecker
    leer
    legen, er legt
der Lehrer, die Lehrer
die Lehrerin, die Lehrerinnen

leicht
lernen, sie lernt
lesen, er **liest,** sie **las**
letzte, letzten, letzter
leuchten, es leuchtet
das Lexikon, die Lexika
das Licht, die Lichter
lieben, sie **liebt**
das Lied, die Lieder
liegen, er **liegt,** sie **lag**
links
das Loch, die Löcher
der Löffel, die Löffel
lösen, sie löst
die Luft, die Lüfte
luftig
lustig

M/m

machen, sie **macht**
das Mädchen, die Mädchen
mähen, er mäht
mahlen, sie mahlt
der Mai
malen, er malt
man
manche, manchen,
manches
manchmal
der Mann, die Männer
das Märchen, die Märchen
der März
die Maschine, die Maschinen
die Mathematik
das Meer, die Meere
das Mehl
mehr
mein, meinem, meinen
am meisten
meistens
die Menge, die Mengen
der Mensch, die Menschen
merken, er **merkt**
messen, sie misst, sie maß
das Messer, die Messer

mich
die Milch
die Minute, die Minuten
mir
mitbringen, sie bringt mit,
sie brachte mit
der Mittag, die Mittage
die Mitte
der Monat, die Monate
das Moos, die Moose
der Morgen
morgen
müssen, er **muss,**
er **musste**
der Mut
die Mutter, die Mütter
die Mütze, die Mützen

N/n

nächste, nächsten,
nächstes
die Nacht, die Nächte
nachts
der Name, die Namen
die Nase, die Nasen
nass
der Nebel
neben
nehmen, er nimmt
nennen, sie nennt,
sie nannte
neu, neue, neues
nicht, nichts
nie, niemals
der November
nur

O/o

ob
oben
das Obst
offen
öffnen, er öffnet
oft
ohne
das Ohr, die Ohren
der Oktober

der Onkel, die Onkel
der Ort, die Orte
P/p
das Paar, die Paare
paar
packen, sie packt
das Papier, die Papiere
parken, er parkt
passen, es passt
passieren, es passiert
die Pause, die Pausen
der Pavian, die Paviane
das Pferd, die Pferde
die Pflanze, die Pflanzen
pflanzen, er pflanzt
pflegen, er pflegt
pflücken, sie pflückt
die Pfütze, die Pfützen
der Pilz, die Pilze
die Pizza, die Pizzas
das Plakat, die Plakate
der Plan, die Pläne
planen, sie plant
die Platte, die Platten
der Platz, die Plätze
plötzlich
das Poster, die Poster
die Presse, die Pressen
das Produkt, die Produkte
der Pullover, die Pullover
der Punkt, die Punkte
pünktlich
die Puppe, die Puppen
putzen, er putzt

R/r

das Rad, die Räder
der Rand, die Ränder
der Raum, die Räume
rechnen, sie rechnet
rechts
der Regen
regnen, es regnet
reich
die Reihe, die Reihen

der Reim, die Reime
die Reise, die Reisen
reisen, er reist
reißen, sie reißt, sie riss
reiten, sie reitet, sie ritt
rennen, er rennt, er rannte
richtig
riechen, er riecht, er roch
riesig
der Ring, die Ringe
rollen, es rollt
der Roller, die Roller
rot
der Rücken, die Rücken
rufen, sie ruft, sie rief
die Ruhe
ruhen, er ruht
rund, runder

S/s

die Sache, die Sachen
der Saft, die Säfte
sagen, sie sagt
das Salz, die Salze
sammeln, er sammelt
der Sand, die Sande
satt
der Satz, die Sätze
sauber
schaffen, er schafft
scharf
scheinen, sie scheint, sie schien
schenken, er schenkt
schicken, sie schickt
schieben, er schiebt, er schob
das Schiff, die Schiffe
schlafen, er schläft, sie schlief
schlagen, sie schlägt, er schlug
schlecht
schließen, er schließt, er schloss

schlimm
schmecken, es schmeckt
schmücken, er schmückt
der Schmutz
schmutzig
der Schnee
schneiden, er schneidet, er schnitt
schnell
der Schrank, die Schränke
der Schreck, die Schrecke
schreiben, sie schreibt, er schrieb
schreien, er schreit, sie schrie
der Schuh, die Schuhe
die Schule, die Schulen
die Schüssel, die Schüsseln
schützen, sie schützt
schwarz
schwer
die Schwester, die Schwestern
schwierig
schwimmen, er schwimmt, er schwamm
sechs
der See, die Seen
sehen, sie sieht, sie sah
sehr
sein, seinem, seinen
seit
die Seite, die Seiten
selbst
senden, sie sendet
der September
setzen, er setzt
sieben, siebte
sie sind
singen, er singt, er sang
sitzen, sie sitzt, sie saß
die Skizze, die Skizzen
sofort
sollen, er soll
der Sommer, die Sommer
die Sonne, die Sonnen
der Sonntag, die Sonntage

sparen, sie spart
der Spaß, die Späße
spät, später
spazieren, er spaziert
spenden, sie spendet
das Spiel, die Spiele
spielen, er spielt
spitz
der Sport
sprechen, er spricht, er sprach
springen, sie springt, sie sprang
spritzen, es spritzt
stachelig
die Stadt, die Städte
stark, stärker
stecken, er steckt
stehen, sie steht, sie stand
steigen, er steigt, er stieg
der Stein, die Steine
die Stelle, die Stellen
stellen, er stellt
der Stern, die Sterne
der Stift, die Stifte
still
der Stock, die Stöcke
stoßen, sie stößt, sie stieß
strahlen, er strahlt
die Straße, die Straßen
der Streit
streiten, sie streitet
das Stück, die Stücke
die Stunde, die Stunden
suchen, sie sucht
die Suppe, die Suppen
süß

T/t

die Tafel, die Tafeln
der Tag, die Tage
täglich
tanken, er tankt, er tankte

die Tante, die Tanten
 tanzen, sie tanzt
die Tasche, die Taschen
die Tasse, die Tassen
 tausend
das Taxi, die Taxis
der Tee
der Teig, die Teige
der Teller, die Teller
der Text, die Texte
 tief, tiefer
das Tier, die Tiere
der Tiger, die Tiger
der Tisch, die Tische
die Torte, die Torten
 tragen, er trägt, er trug
der Trainer, die Trainer
der Traum, die Träume
 treffen, er trifft, er traf
 trinken, sie trinkt,
 sie trank
 trocken
der Tropfen, die Tropfen
 tropfen, es tropft
 trüb
das Tuch, die Tücher
die Tür, die Türen
 turnen, er turnt
die Tüte, die Tüten

U/u

 üben, sie übt
 über
 überlegen, er überlegt
die Übung, die Übungen
 umziehen, sie zieht um,
 sie zog um
 und
 uns, unserem, unseren
 unten
 unter
sich unterhalten,
 sie unterhält sich

 untersuchen,
 sie untersucht
der Urlaub

V/v

der Vampir, die Vampire
die Vase, die Vasen
der Vater, die Väter
die Verbindung,
 die Verbindungen
 verdienen, er verdient
der Verein, die Vereine
 verfassen, sie verfasst
 verfolgen, er verfolgt
 vergessen, sie vergisst,
 sie vergaß
der Verkäufer, die Verkäufer
der Verkehr
sich verkleiden,
 er verkleidet sich
sich verlieben,
 er verliebt sich
 verlieren, er verliert,
 sie verlor
 verraten, sie verrät,
 sie verriet
 verreisen, sie verreist
 versammeln,
 er versammelt
 verstecken, sie versteckt
 verwandt
der Vetter, die Vetter
 viel, viele
 vielleicht
 vier
das Vitamin, die Vitamine
der Vogel, die Vögel
das Volk, die Völker
 voll
 vom
 von
 vor
 vorsichtig

W/w

 wachsen, es wächst,
 es wuchs
der Wagen, die Wagen
die Wahl, die Wahlen
 wählen, er wählt
 wahr
die Wahrheit
der Wald, die Wälder
die Wand, die Wände
 wann
 warm
 wärmen, sie wärmt
 warten, sie wartet
 warum
 waschen, er wäscht,
 er wusch
das Wasser
 wecken, sie weckt
der Weg, die Wege
 wehen, er weht
 weich
 Weihnachten
 weinen, er weint
 weiß
 weit, weiter, weitere
 welche, welchem,
 welchen
 wem
 wen
 wenig
 wenn
 werden, sie wird,
 sie wurde
 werfen, er wirft, er warf
das Wetter
 wie
 wieder
die Wiese, die Wiesen
der Wind, die Winde
der Winter, die Winter
 wissen, er weiß, sie wusste
die Woche, die Wochen

wohnen, sie wohnt
die Wohnung,
    die Wohnungen
die Wolke, die Wolken
    wollen, sie will
das Wort, die Wörter
    wünschen, er wünscht
die Wurst, die Würste

Z/z

die Zahl, die Zahlen
    zählen, sie zählt
    zahlreich
der Zahn, die Zähne
    zehn
    zeichnen, er zeichnet
    zeigen, er zeigt
die Zeit, die Zeiten
die Zeitung, die Zeitungen
    ziehen, sie **zieht,** er **zog**
das Ziel, die Ziele
    zielen, er **zielt**
das Zimmer, die Zimmer
der Zoo, die Zoos
    zu
    zuerst
der Zug, die Züge
    zuletzt
    zum
    zur
    zurück
    zusammen
    zusammenfassen,
       er fasst zusammen
die Zwiebel, die Zwiebeln